即興表演家喻戶曉的故事
──戲劇與語文教學的融合

Ruth Beall Heinig 著

陳仁富譯

本書曾獲 1993 年美國兒童戲劇協會優良著作獎

Improvisation

← ——————————————— →

with Favorite Tales

INTEGRATING DRAMA INTO THE
READING/WRITING CLASSROOM

Ruth Beall Heinig

Heinemann
A division of Reed Elsevier Inc.
361 Hanover Street   Portsmouth, NH 03801
Offices and agents throughout the world

Complex Chinese Edition Copyright ©2001 by

Psychological Publishing Co., Ltd.

作者簡介

露思・貝爾・漢格
（Ruth Beall Heinig）

　　露思・貝爾・漢格（Ruth Beall Heinig）教授，目前任教於西密西根大學傳播學系。曾教授口語傳播；故事講述；語言藝術及各種與戲劇有關的課程。露思・漢格是美國戲劇學界公認的創造性戲劇專家，她曾擔任過美國戲劇及教育學會的主席，也曾擔任過美國戲劇協會的理事主席及兒童戲劇基金會的董事，並爲全美各地的老師辦過無數的戲劇研習活動。

譯者簡介

陳仁富

學　　歷：美國賓州州立大學課程與教學博士

經　　歷：國立屏東教育大學幼兒教育學系系主任

　　　　　國立屏東教育大學師資培育中心主任

　　　　　國立屏東師範學院學務長

專長領域：幼兒戲劇

　　　　　說故事的技巧與應用

　　　　　幼兒華語教學

作者序

　　在課堂中使用兒童文學的成長速度是前所未見的，許多老師採用以文學為基礎的教學，並在他們的語文課程中搭配多種的選擇，當然也運用在其他的課程選擇中；就算在傳統以閱讀為主的課堂中，老師也會補充閱讀材料來增進兒童的文學經驗。

　　好的文學作品不僅反映生活，並能提供素材去充實語言與學習經驗的多樣性。它介紹讀者了解每天生活中會面臨的感情、衝突、疑惑和兩難，讀者根據他們的生活經驗與認知去解讀文學作品內的含意。讀者和文字相衝擊後所產生的新經驗就變成為讀者生命中的一部分，而新經驗可以不斷地一而再、再而三的產生。

　　就如老師在教室中擴增使用文學作品一樣，教育工作者也在增加他們鼓勵孩子回應文學作品的教學技巧，有一些回應是寫作性質的，譬如故事、日記、新聞或書信。其他的回應是口頭性質的，譬如對話或團體討論。也有其他回應的方式，包括肢體活動、視覺藝術、音樂或戲劇。

　　文學作品的戲劇化在課堂中提供學生既有效又有趣的方式

去探索世界以及他們自己。經由戲劇，兒童得以更貼近地去檢視他所閱讀的故事，增進綜合及了解的能力。小朋友被鼓勵從事創造性的思考，並扮演成他們所喜歡的故事角色，從不同的角度檢驗人生。當不同的文化及時空中的文學作品被介紹給兒童後，他們就獲得了國際觀及歷史觀。又由於戲劇是一種集體的藝術，小朋友得以從中學習到正向的社會互動、合作學習及團體的問題解決能力。

戲劇利用兒童喜歡演出文學故事的天性，如幼兒會自動參與演出所聽到故事中的某個情節。當他們聽到三隻比利山羊過橋去的故事時，他們就會跟著發出過橋的聲音。或者加入熊的疑問：「誰吃了我的粥？」他們的身體跟著音樂搖動，當他們想像力被故事中緊張的情節所吸引時，他們甚至會演出英雄的動作。雖然中高年級的小朋友容易在聽故事時受限於聽眾的角色，但當老師提到要演出某個角色時，他們也會很興奮地說：我要演狼（皇后或小販）！

許多家喻戶曉的故事（尤其是童話故事）提供本書各種的戲劇活動，這一類的作品很容易成為戲劇化的好材料，因為他大膽地描寫人物和有動作的情節，有些活動是直接從故事中取材的，有些活動是隱藏在故事情節後的新人物及情境，以鼓勵兒童做創造性的思考以激發出更好的創意，因此能更深入地去探索。而對於每個故事後的相關活動，則是建議多予以回應與寫作、藝術及音樂相關的活動。

希望本書中的故事及活動能協助老師使戲劇和文學在教室中變成鮮活的經驗。

譯者序

　　八十六年自美進修回國後，一直在師院從事戲劇教學的工作。就個人經驗，美國的創造性戲劇從戲劇遊戲、肢體動作著手，一直到故事劇的呈現，老師可以就一個個的單元活動由淺入深地運用在教學活動中，這種戲劇活動的形式對新任教師而言較易入手，但活動畢竟有限而國內相關的資料又較缺乏，老師若無能力開拓新的教學活動可能就會面臨江郎才盡的窘境；而英國的教室內戲劇活動如 Dorothy Heathcote 的教育戲劇，深具教育內涵，且極適合作為課程統整的工具。但對新任教師而言，不但課程設計不易，而且戲劇引導的過程會面臨眾多不可測的臨場變數，因此一般老師不敢輕易嘗試，流於叫好不叫座的困境。直到筆者閱讀了露思・漢格（Ruth Heinig）的這本《即興表演家喻戶曉的故事》後，發現此書可以同時解決筆者上述思慮的兩種難題，因此決定將它翻成中文介紹給國內教育界的朋友。

露思·漢格將英美兩大體系的教室內戲劇活動的各項元素，如肢體動作、默劇、即興表演、引導者的角色扮演等二十餘項戲劇技巧一一臚列並詳加解釋、說明，而以大家耳熟能詳的童話故事如白雪公主、三隻小豬等故事為例，套上各種可能進行的戲劇活動。因為這些戲劇活動的技巧是屬於共通性的，且每一個故事都有其特別適用的活動，因此沒有題材用盡的困擾。熟悉了這些戲劇技巧之後，老師不僅可以靈活地作為在一般故事閱讀後的輔助活動，也可以很輕鬆地運用在一般國語、社會或其他學科的教學活動上。

在九十學年度開始實施的九年一貫課程中，這本書的戲劇技巧對於第一線的老師而言應該是很容易入手的，因此也可以做為「藝術與人文領域」中表演藝術教學的方法之一；總之，希望本書中文版的問世能對目前正積極推展的兒童閱讀及九年一貫課程的教學能有些許的幫助。

本書的出版除感謝心理出版社的大力協助外，更要感謝我的父母及內人全心地照顧未滿兩週歲的三胞胎真、善、美，使我能有時間完成這本譯作；同時也要感謝淑妙、蕙華、筱芳、鴻璋的協助使這本書的翻譯能如期完成，最後謹將這本譯著當作是送給惟真、惟善、惟美三姐妹二週歲的紀念。希望她們的童年能在充滿童趣故事與戲劇扮演的歡笑中度過。

目　錄

簡介

使用說明

　　對於初次接觸戲劇活動的人，我們建議您在嘗試進行任何故事活動前，先參閱本書中「戲劇活動的構成要素」及「特別的活動及技巧」等兩個部分，如果您常使用戲劇活動，則可以直接進入故事及活動的部分，若有疑問則請參閱此簡介部分。

　　每一個故事都會開始於情節摘要，如果學生還不熟悉故事的內容，您可以先將情節摘要唸一遍，而故事的來源則建議用有插圖的版本，最近出版的很多版本都很出色，這些書中的插圖將有助於增強學生的想像力，並提供許多故事中的細節，方便您與學生討論故事戲劇化的活動。在每個故事中您也會發現一列參考書目，這些書目大部分是在不同文化或國度中被改寫的版本，有時會加入一般版本中所沒有的幽默或諷刺的內容，我覺得值得讓孩子們分享這些版本，這些內容常能協助孩子們激發出更多好點子，對於本書中提供的所有故事及活動，您都需要根據學生的能力，做出最適當的取捨。基本上，童話故事幾乎是適合所有年齡層的孩子，但有些故事傳統上是適合某些特定年齡層的孩子，如「三隻小豬」就特別適合五到六歲的孩子，而挪威的神話「尋找天神索爾的魔鎚」，就可能較適合國小中高年級的學生。另外一點值得考量的是，每一個故事中所設計出來的故事活動，從非常簡單到精巧複雜的都有，對於低年級的小朋友就應該以較簡單的活動為主，並採用大家較熟悉的故事內容。許多年紀較小的孩子，會非常執著於他們所知道的故事情節，而對於與原始故事不同情節的版本，感到迷惑而不易接受；但也有許多年紀較小的孩子，有豐富的語文背景，能欣賞不同版本的故事，甚至能在故事中加入一些自己創造的情節。對國小中高年級的小朋友而言，這些較簡單的活動，可以做為較具有挑戰性活動的暖身，這些年齡層的孩子，喜歡將故事內容加以扭曲變形，哪怕那些是年紀較小孩子的故事，他們也一樣樂此不疲，以創造出原始故事不同的情節。如果你是專門教戲劇的老師，這本書仍舊可以提供您許多有用的練習，因為童話故事本來就是不分地域、國界說給每一個人聽的，我也非常鼓勵您將本書中的各種活動加以改變，以適合教學上的需要；另外，本書中所呈現的一些技巧及點子是希望成為一種共通的教學模式，比如說許多活動建議在某些特定故事中使用的，常常也適用在本書的其他故事中，甚至於適用於那些不在本書中出現的故事；最後，當您從事這些活動時，您將會發現，使用角色及事件兩項戲劇原素，常可將活動與您的課程做完美的結合。但也唯有經由您自己的嘗試和修正，您才能從本書中獲得最大的收穫。

戲劇活動的元素

　　對於剛開始從事戲劇教學的老師，最關心的可能就是教室秩序的維護了；而了解戲劇活動的基本架構，將有助於減輕您對使用戲劇活動的憂心，而使您較有信心選擇或設計適宜的活動。有一種安排戲劇活動的方式，就是去鑑別他們的基本元素，然後常常提醒自己：我的學生需要什麼樣的能力，才能進行這些活動？請參照下列的戲劇元素圖表，在表中，左右兩欄的構成元素是相互呼應的，大致來說，左手邊的這一欄戲劇元素較右邊的簡單，因此，如果您設計的戲劇活動中含有較多的左邊元素，可能會比含有較多右邊元素的戲劇活動更容易進行。

較簡易的元素	較具挑戰性的元素
一、默劇	一、語言對白活動
二、單獨的活動	二、配對或團體活動
三、桌邊活動	三、較大空間的活動
四、共同的表演	四、表演性的活動
五、指導性的表演	五、創造性的表演活動

現在讓我們更進一步地來解釋這些戲劇的元素。

默劇　是一種不用語言的戲劇表演，本書中的默劇常採用故事中的一段情節，讓學生以肢體動作將它表演出來。故事中一些角色的特定動作，使得故事得以推展開來，這些動作提供了許多基礎默劇的題材。對所有的小朋友而言，默劇都是很好玩的活動，幼兒在他們裝扮遊戲中，常常出現許多的默劇動作，對他們而言，參與默劇活動是既自在又容易的事情，雖然對小學中、高年級的小朋友而言，默劇表演算是相當容易的，但在開始的時候仍需要一些鼓勵及引導，因為在現行的教育體制下，小學中、高年級的學生，常被要求在書桌前坐更長的時間以從事一些靜態的活動，一旦像默劇這樣的活動被帶入教室的教學活動時，他們會很不習慣。中、高年級的學生在進行默劇活動時也常會感到不自在，因為默劇活動會將注意力的焦點集中在他們的身上，而通常肢體需要做一些快速而令他們感到不舒服的變換，但默劇本身所產生的樂趣，很快就能幫他們轉移注意力。一般而言，仍以年紀較小的學生較容易進入默劇的情境。

語言對白活動　包含廣泛的語言經驗，從製造音效到即興表演一個短劇場景，都是屬於這類活動。語言對白活動屬於較有挑戰性的類型，因為許多都需要較精細的語言操控能力，國小低年級的學生，如果你選擇適合他們程度的練習，常常會有不錯的表現；令人訝異的是年紀很小的幼兒，如果主題是他們熟悉的領域，他們也能參與一些較複雜的討論；較年長的國小學童，因為他們語言能力發展較快，通常都擅於口語的活動，他們可在自己的位子上，彼此進一步討論故事中角色所面臨的問題及一些兩難的情境。

單獨的活動　是指每一個孩子單獨參與某項活動，而沒有與他人互動。以單獨默劇活動而言，全班的學生站在自己的位子上，同時各自表演老師所給與的情境，這種方式通常較易於教室秩序的維護，如果活動需要較大的空間，可以分組輪流表演，還沒有表演的小朋友就在一旁當觀眾；另外一種單獨活動，結合默劇跟口語活動，老師可以將活動的節奏加快，讓每一個學生都有機會很簡短地將自己的想法演出來，這樣的練習也可以幫助老師試探出哪一些主題或點子是學生較感興趣，而可以進一步發展下去的。低年級的小朋友特別喜歡單獨默劇，因為他們可以馬上參與演出而不必等待，更沒有搶角色的問題；對於較年長的兒童，這些活動可以當成是一種進階活動的暖身練習。

配對和團體活動　較單獨活動挑戰性高，因為它需要具有彼此合作及互動的能力。比如說：孩子們一起從事默劇活動的時候，他們的動作必須彼此配合，才能產生出有意義的情境；當孩子們進行對話的時候，也需要彼此懂得輪流、妥協、交換意見及運用其他的社交能力。因為這種需要互動的特性，使得配對跟團體活動需要較多的時間預先準備。一般而言，因為這種活動需要較高的發展能力，因此較適合中、高年級的小朋友參與，對低年級的小朋友將會是一大挑戰；但只要老師放寬標準，給與更直接的引導，較年幼的孩子仍可以成功地參與簡單的配對及團體活動。團體活動通常五個人以內時最為成功，當五個人一組時很難將之分成相等的兩組，當分配到的表演較困難時，會使得團體的人數增加；舉例來說，如果孩子們被分配到組成一個靜止畫面這樣的任務，他們的人數可能就會比共同即興表演一個景需要更多的人。當然當團體人數越多的時候，老師就需要給與更多的指導與協助。

桂邊活動　　　是利用桌旁空間進行活動，不僅方便容易也較利於教室秩序的維護。當孩子坐著的時候，通常會自動地較為安靜，而且可以減少彼此聊天的機會，書桌也可以對常規較差、無法自我約束的學生，產生明顯的活動界限，利於秩序的掌握。在自己的桌上活動也使得害羞的孩子較有安全感，能在自己熟悉的地方表達自己的想法。桌子除了可以做成某種限制的功能外，它也可以在戲劇活動中充當有用的道具，像車、馬、床、國王的座位等，甚至可以搭配移動中的動作，如在桌邊作走路或快跑的表演。桌子同時也是既方便又有用的空間，可以做為雙人或團體小活動的場所，當兩人對談時，鄰座的兩人可以單純地將椅子轉向面對面的座談，小團體討論時，桌子則可以圍在一起。

較大的活動空間　　　老師在使用較大的活動空間這方面需要較多的班級經營技巧，而在學生的部分則需要遵循更多的規定。有經驗的老師甚至知道如何讓學生安靜地將教室內的桌子重新定位。從經驗中你將學習到不要怕跟學生約法三章，並要求學生遵守規定。畢竟一個失控的教室絕對無法讓學生感受到戲劇所帶來的樂趣。

　　較大的空間通常提供給成對或團體的演出和活動，特別是有肢體活動加入時。一些教室秩序管理的要訣和技巧在本書中也會一一出現，以幫助初次使用戲劇活動的老師。

共同的表演　　在共同的表演中全班同時表演，因此沒有任何一個人會是眾所矚目的焦點，現場也沒有同學在旁邊觀賞，這種表演可能是單獨而沒有互動的，也可能是成對或小團體的。共同的表演比有觀眾觀摩的來得容易些，因為整個焦點都在參與者身上。共同的表演同時也能幫助學生專注於他們的表演，當然對害羞的學生而言，共同的表演會比在觀眾前表演讓他們覺得自在些。對外向的學生而言，共同的表演讓他們免於等待，因此也深受歡迎。

表演性的活動　　指的是對自己班上同學所做的非正式表演，此類表演較具挑戰性，因為這其中包含了與他人分享點子，溝通不同的詮釋及從他人的想法中獲得回饋。

　　在這兒有幾種不同的觀眾結構，最單純的就是同學在等待演出時順便觀賞他組的演出。另一種較為深入的就是（如默劇猜謎的遊戲）需要觀眾去詮釋表演者的動作並解讀其中所包含的非語言訊息，最後觀眾也會被要求評論同學的詮釋及想法。

　　害羞的孩子需要被逐步引導至表演性的活動，也需要持續給與更多的鼓勵以使他們能覺得更自在些。相反的，外向的孩子反而可能因為有人的觀賞而表現得更好，對於這樣的孩子，我們要幫助他們學習從自身的演出中得到快樂及滿足，而不是非得要有觀眾觀賞才願意演出。

指導性的演出　　指的是老師站在引導者立場以很明確的說明指導學生如何去做，因為這種方式需要較少的創造性思考，因此對孩子而言通常會容易些。以下面這個單獨的默劇表演為例：

> 假裝你是一顆小小的種子。首先，蜷曲在地毯上。當我開始數數時你將慢慢地長大，直到我數到五時，你將變成一棵長滿花的大樹……

這個對默劇的說明簡單明瞭，就算是年紀很小的小朋友也能做得來。因為它有很清楚的開始與結束的指示。除此之外，慢動作也能幫助孩子專注在他們的工作中。

創造性的表演活動　　這種活動具有較大的挑戰性，因為他需要各種別出心裁的想法。常常這些活動會超出原先故事的情節。注意如下這一段獨自的提示語：

> 古迪蘿卡，如果你媽問你這一整天你都跑到哪裡去了，你會怎麼回答？

這個問題需要孩子首先假想自己是古迪蘿卡，然後去詮釋他的感覺，並推敲出故事當中並沒有提供答案的內容。其他的創造性表演活動可能有：

> 兩人一組，其中一位飾演磨坊主人的女兒，她正將稻草織成黃金，而另一個同學去製造音效。並請你們每一組計畫不同結束故事的方式，在你們計畫好並預演後，我們將欣賞你們如何結束這個故事，並一起討論你們的想法。

指導性及創造性的活動都各自有其重要的功能，而沒有孰重孰輕的問題。指導性活動通常對學生而言較簡單；事實上，有一些兒童需要指導性活動所提供的指導及條理。創造性的活動需要學生更多別出心裁的創意及給與孩子較重的職責。當孩子的想像力經過一段時間的培養後，他們可能會在創造性的活動中表現得更成功。為了使他們能有最佳的創意，他們也需要您樂於接納創意的反應，使他們在情緒上更有安全感。

本書的架構

本書中每一個故事後的活動是依下列的方式分類：一、單獨默劇活動（沒有與同學互動）；二、單獨語言對白活動（學生與引導者的互動）；三、雙人和團體的默劇活動；四、雙人和團體的語言對白活動。這樣的分類方式是希望方便您活動的選擇及排序，通常越在前面的活動是較簡單的，而後面的則難一點；單獨活動通常可以在學生的座位上進行，而雙人和團體活動則需要較大的空間與同學互動。本書故事後所列的活動您不必每一樣都做完，您更不需要照著次序來做；相反的，您可以自由選擇最吸引您的活動或最適合班上學生的活動，當然您所選擇的活動也得看您有多少時間。許多進階的活動，如即興表演一個景就往往需要超過一節課的時間來規畫及排演，您甚至可以考慮讓學生選擇適當的活動作為他們的作業，然後再利用空檔的時候與全班分享。另外一種選擇是在上述的四類活動中各挑一個活動組成一個戲劇的單元，這種方法可以保證每一單元中都包含著簡單和進階的活動。當孩子們嘗試了各種活動後，他們可能會希望能自己演一齣戲，在這種情形下您可以照年代的次序安排活動，來創造一齣屬於您自己的非正式戲劇，而這些活動可以作為預演的一些單元，雖然這些活動並不能含括故事中所有的景，但卻足以組成一齣戲的架構（如果您採用這種方式，太偏離故事內容的活動，恐怕必須加以刪除）。最後別忘了鼓勵學生們自己去設計些戲劇活動，只要您和學生們都認同本書中的活動模式，您應該就可以從任何一篇故事中設計出一些您自己的戲劇活動。

特定的活動和技巧

本書中大部分的戲劇活動都有特定的名稱，這些活動及活動的過程都依照字頭的字母順序編排。

默劇活動

建構的默劇　　在這種默劇遊戲中，學生僅使用手勢來創造出一個想像的房間，而且配置適當的傢俱或物品。首先，身為老師的您應該先畫出一個空間，也許是九乘十二尺這樣寬的空間，您可以使用粉筆或膠帶來界定空間，空間的門或出口也應該清楚地標示。如果您喜歡這些門也可以默劇的方式表示出來；舉例來說，這個門可能是一個普通的門、法國式的門、有花紋的拉門或者是門簾，每一種都必須用不同的方式將它表演出來，表演者以默劇的方式假裝帶進一件東西，然後將它放置在適當的地點，像沙發或長桌這種較重或較大的物品，我們就可以由兩個或甚至於是三個人來演出；當每一項物品都放置好後，旁觀的同學就可能猜猜看那是什麼東西。對高年級的小朋友您可以設計兩個門或入口，讓更多的小朋友有機會去做默劇的表演，讓旁觀的同學也有更多可以觀察的對象。另一種增加難度的方式，是當第一種東西放置好了之後，表演者再帶入新的物品時，必須以某種方式使用先前所帶進來的物品，這樣做的目的是要使我們創造出來的想像環境能夠更持久。舉例來說，兩個表演者搬了一張沙發進到了客廳，下一個表演者搬了一張搖椅，表演者可以坐在搖椅上搖一陣子，在離開前他走到沙發上坐下來，一段時間後您和您的學生應該複習房間裡所有的物品及它們的位置，剛開始的時候學生需要記憶入口的位置，免得變成穿牆而過，練習一會兒之後他們就會非常熟練這個遊戲。事實上這個想像空間最後會變得非常的真實，因此當您要結束這個活動的時候得非常的慎重，您可以煞有其事地以默劇的方式拿著板擦擦掉這塊空間，或假裝將這個房間折疊起來並將它放在架子上，並且承諾將來會將這個房子再組起來；有經驗之後，同學們將可更細膩地表現他們所處理的物品，如在牆邊打個洞裝窗戶、蓋一個壁爐或甚至裝一個電燈的開關。

數數／停格的默劇　　在這類的默劇猜謎遊戲中，當您從一數到十的時候，他們每一個人就各自演出自己的想法，當您數到十的時候他們就停格變成木頭人，這個時候觀眾就猜猜看他們所表演的是什麼，表演的內容被猜出來的小朋友就坐在地板上，一次有幾個小朋友以默劇的方式演出他們各自的創意，這樣全班就需要相當的時間來玩這樣的遊戲。他們沒有互動，因此這類的表演被認為是單獨的表演。如果您的點子是屬於接龍的方式，那數數／停格的默劇也可以是雙人或者是小團體的。如果想使這個遊戲簡單一點或者希望能夠控制演出的主題，您可以請學生將點子寫在卡片上，讓演出的人抽取卡片然後即興演出；如果旁觀的同學猜了三次都猜不出表現者所表演的內容，那表演者就應該告訴同學他所表演的是什麼，而不要讓同學毫無頭緒地猜下去。

快動作的默劇　　快動作的默劇很明顯地與慢動作的默劇相反，用正常速度的兩倍或三倍來表達它，快動作對於表現緊急的事件或者是機械式的動作都有非常戲劇化的效果。它也是一種達到肢體控制的有效練習，因為它鼓勵孩子們快速地思考及表演，因此可以幫助害羞的孩子隱藏他對表演的恐懼；它同時也是宣洩學生過剩精力，以準備進行較靜態及思考性活動的有效方法。

停格的畫面　　學生以雙人或小團體為單位，在給與場景的描述後，以肢體停格的方式做出適當的姿勢，同學也可以表演自選的場景讓其他的同學猜。

　　延伸活動：停格的景也可以做影子或剪影的表演，在黑暗的房間中將白色的床單拉直，並在床單後放一盞燈，學生需要靠近床單才能夠產生清晰的剪影，在燈泡前加入彩色的玻璃紙會產生更有趣的效果。

即興表演的景　　有了一些戲劇經驗後學生通常可以開始嘗試即興的表演，即興表演的景是從故事中選取的，通常有兩個或兩個以上的角色以默劇或者是對話的方式演出。現在我們先考慮用默劇的方式，在第二十九頁我們將會討論以對話的方式進行即興表演。演出前先提供劇情說明或情節大綱，舉例來說，一個以默劇即興表演的景，它的大綱可能是這個樣子：當韓森和葛立特與父母離開家，然後在森林裡迷路，這個景將在他們發現巫婆的家後結束。如果偶爾學生在默劇表演時需要您的協助，您可以插入一些從旁的指導。如這個時候皇后躡手躡腳地走到床邊，延伸的活動將全班分成幾個小組，每一個小組給他們一個景演出，每一組在表演前通常需要幾分鐘的時間做預演，當他們有更多的經驗和信心後，學生們可能會要求不要預演而做即興的表演。他們喜歡這種密集而不知道下一步將會發生什麼的挑戰。

內部分組的默劇　　這個遊戲很適合用來以默劇做腦力激盪，但對八歲以下的孩子可能會太複雜些。將全班分成五、六個人一組，同組的三個人以默劇表演，而其他的人猜猜看，表演的主題則由老師給與。譬如說：表演出所有你能夠想到以 S 開頭的字，並請你演得越快越好，表演者在沒有互相交換意見的情況下演給其他的同學猜，表演的同學或猜的同學可以跳過某個他們猜不出來的字，當表演者看起來已經黔驢技窮的時候就結束這個遊戲，並列出已表演出來的字。提示：避免比賽，給每一組不同的主題。

機械式的動作　　機械式的移動是發展自我控制的一個很好的練習，同時對小朋友來講也是一種很好玩的遊戲。他們可以以個別的動作，像演出機器人；或以雙人或小組演出，如演出一個複雜的機器中任何一個可能走動的部分。

鏡子活動　　在進行這個活動的時候，兩個孩子一組面對面，一個孩子假裝照鏡子，另外一個孩子複製對方的動作，目標是要使彼此的動作非常相近，使觀察者不容易看出誰是真的？誰是模仿的？以慢動作開始比較容易些，這樣兩個人比較有充分的時間適應跟隨彼此的動作。當學生從兩人一組中獲取足夠的經驗後，他們可以做小團體的鏡子活動，各種情境都可以使用，如售貨員為顧客選配衣服的配件，這時候兩個照鏡子的人、兩個鏡子裡的人，總共有四個人在表演；另一個學生也可以加入，裁縫師正拿尺量要修改衣服的頸寬，當這個角色進入鏡中以後，這一組就共有六個人。

旁述默劇　　有些故事的內容有足夠的動作表現，因此您可以選擇其中的一段一邊大聲唸出來，一邊請學生以默劇的方式演出，適合這種活動的故事內容最好只有一個角色，當然有時候也能有二個或更多的角色，但不管角色多少，他們都應以沒有對話為原則。

　　為了使整個表演更順暢，一些故事內容有時候也可以做一些修改，您也可以在故事中加入一些動作，以創作出您自己的旁白內容。舉例來說：當傑克爬上直立在桌邊的豆莖，他越爬越高，越爬越高，這時他往下一看自己的房子已經變成地上的一個小黑點，除了描述動作外，旁白還可以加入一些感官經驗（如視覺、聽覺、味覺、觸覺或嗅覺）或感情及情緒的表現。

非噪音的聲音　　許多喉嚨發出來的聲音（如吼叫、歡呼、咳嗽）都可以以非噪音的方式出現，我們可以以慢動作的默劇來增加他的挑戰性，這種練習不但看起來很有趣，同時也能鼓勵同學練習有紀律的肢體活動，同學們可以很快地看到這種慢而有趣的表演結果。

單人默劇　　在這一個活動中就如前所述，單人默劇最常全班一起進行，每一個小朋友在他自己的座位上表演，舉例來說：

你是白雪公主，正為七個小矮人中的一位縫製衣服，讓我們看看你正在做衣服的哪個部分，順便請你將衣服拿起來並開始工作。記住，小矮人的個子很小哦！

通常我們需要在表演開始和結束的時候給與明確的提示，您可以用視覺的提示，如開關教室的燈；或使用聲音的提示（鼓聲、鈴鼓、鈴聲）；您也可以以數數的方式。舉例來說：假設你有三個點子，希望孩子演出來，您可以說：

想出三件古迪蘿卡在進入森林遊玩時可能做的事，並在心中先想好一、二、三的順序，當我數一、二、三的時候，你就依序演出。

這些提示對協助小朋友一起維持相同的遊戲非常重要，但也不能誇大地說提示對小朋友演出的成功與否有絕對的影響。

拼字默劇　　在這個遊戲中，有幾個字母的字就由幾位小朋友參與，每一個小朋友以默劇演出他被分配的字母，並想出以該字母開頭的字，如：troll 這個字母，五個小朋友演出並以某種職業為主題，首先小朋友依字母順序排成一列，並以默劇同時演出。

T-eacher; **R**-ace Car Driver; **O**-rganist; **L**-ibraian; **L**-ifeguard.

其他可能的默劇項目可能是有動作的動詞，各種運動、動物、食物、情緒及其他任何可以輕易經由動作來描述的項目。

在開始默劇活動前可以給兩個暗示以增加猜中的機會。以上面的例子而言，這個暗示可以是：

‧這些字是故事中的一個角色。

‧這個字的類別與職業有關。

在開始表演默劇時，身為引導者的老師開始數數（與數數停格遊戲的過程一樣），如果猜的人被允許使用筆的話，他們可以像猜字謎一樣地解決這些字（如：他們可以不必知道所有的字母，就可猜出這個字）。

如果要讓這個遊戲簡單些，可以請小朋友將他的點子畫在卡片上，或以腦力激盪的方式，將想出來的字列出來。您也可以將它變成團體合作學習的活動，讓小朋友組成小組去猜，但只接受全組都同意的答案。

安靜活動　　這類的活動是特定為協助小朋友在參與活動後能安靜下來所設計的，他在結束活動某一個段落時特別有效，需要的時候也可在活動中間斷地使用。

旁述指導　　就像是運動的教練：身為戲劇引導的您也可以在一旁提供口頭的建議或鼓勵來增強或推展戲劇的演出，這就稱為旁述指導。對於一些需要額外幫助的學生，您也可以用旁述指導的方式協助他，讓他知道自己目前表演的情形及如何改進，比如說：假設您要求學生演出農夫在田裡工作的情形，如果用旁述指導的方式，您可能會說：

我想我看到一個農夫正用鋤頭除草，也看到有農夫在播種，我甚至看到有一些人在品嚐他們的農作物，你們演得好極了！

　　另一種旁述指導的方式就是放一些適當的音樂，去填滿一些尷尬的空檔，也可以建立一種提示像「當音樂開始，你就開始演，當音樂停止的時候就結束。」

慢動作的默劇　　就如活動名稱建議的，這個活動應該在進行的時候保持緩慢而謹慎的態度。孩子們通常都很熟悉慢動作的概念，因為他們常在電視中看到運動的重播畫面或播放太空人在無重力狀態下移動的情形或時光倒轉的影像。

　　大部分的孩子都需要在表演的時候給與鼓勵及從旁指導，然而為了達到流暢及有紀律的肢體活動，我們需要不斷指導孩子放慢速度，否則孩子們通常會越做越快；放一些緩慢的背景音樂及用非常緩慢的語調指導也很有幫助（放輕鬆，慢下來）。

　　許多小組也許會花一些時間來發展慢動作的技巧，所以要有耐心，過一陣子他們的技巧就會增進。當您看到了學生的進步就會覺得一切都是值得的，學生們也會以自己的進步為榮，而將他們的慢動作技巧有效地運用在表演上。

雕像　　在這個活動中，每一孩子以停格的姿勢變成一個人或物體，除非雕像的外型是非常明顯的，否則可以與猜猜看的遊戲相搭配。

　　延伸活動：團體也可以組成一個雕像，就像是停格的畫面一樣。

轉化　　在這個活動中，孩子從一個人或東西很神奇的變成另一個人或東西。例如在灰姑娘的故事中，灰姑娘的大南瓜變成了漂亮的馬車，**轉換活動**也可以以單人、雙人或團體的方式進行，轉換活動如能以慢動作進行或配上適當的音樂，會使小朋友更專注而產生最大的效果。

拔河　　身為引導者的您可以扮成比賽的播報員，指導這個比賽，最高潮的部分是讓繩索斷裂，然後數到十，比賽者以慢動作的方式倒下。

口語活動

對話　　學生可分成雙人或小組扮演故事中的角色，他們根據被指定的主題以故事中角色的身分表達他們的感覺和想法，這些對話可以在很簡短的時間內（三十秒到兩分鐘間）同時進行。

　　交談之後如果有意願的話可以在全班面前，表演你們的對話，一個與全班分享的好辦法：選擇五組自願的隊伍，並將他們從一到五編號，他們可以選擇在全班面前或留在自己的位置上發表他們的對話，然後隨機的抽出各組，讓他們對全班說一小段，然後換下一組，這樣全班至少可以聽到他們部分的對話，也滿足了他們上台表演的慾望。

延伸活動：對高年級或較有經驗的學生，可以增加難度，要求他們在一組說完後，下一組必須用接龍的方式延續上一組的對話。

辯論　　在辯論活動中，學生爭論與自己相反的意見，如在灰姑娘中，灰姑娘的兩個姐姐爭論誰的晚禮服較漂亮，或王子與父母爭論舞會是在週末舉行好，還是非週末好，也可以是老鼠不願意變成馬，因此仙女得使用說服的策略。

　　最簡單也是效果不錯的辯論方式，是將全班分成兩半，每一邊都賦予角色及觀點，然後從一方找出自願者陳述他的立場，再請另一方的自願者回應，以此類推，您也可以將兩邊的觀點都列在黑板上做為日後比較研究之用。

　　有時候藉由扮演戲劇中一個公正的角色來擔任辯論的仲裁者是很有幫助的，舉例來說，在上述的例子中，繼母可以聽聽兩個女兒的爭論，負責策畫皇室舞會的人會有興趣聽聽雙方對舞會時間的爭論，灰姑娘會有興趣知道仙女是否能說服老鼠配合，當您聽到孩子們辯論時，您可以以自己身處的角色做個非常簡短的回應，如：「嗯！我沒有想到那點」「哦！這倒是個有趣的發現」「哦！親愛的，這好複雜哦！」您甚至可以發表一兩點您自己的看法，或提出更進一步的問題。

　　延伸活動：對高年級或較有經驗的學生可以容許他們兩人一組，私下進行辯論，並將辯論中的重要論點記下來，對全班發表，這種方法的優點是同時能讓很多的意見被表達出來。

　　延伸活動：辯論也可以以表演來呈現，運用「交談活動」

中所介紹的方法，除了可以有雙人辯論外，也可以增加場景到四人，每邊兩人，而場景中如果有六人，則每邊三人，以此類推。

延伸活動：以六到八個角色為一組，每組再平分為辯論議題的正反兩面，例如：三隻小豬的幾位家人相信蓋房子只要便宜、快就好，但同樣人數的另一組家人卻覺得選一個結構堅固的房子，就算多花一點錢也值得，此時觀眾允許對小組的成員問問題，以提出更多不同的觀點，觀眾甚至也可以扮演故事中的某個角色。以上述的例子而言，他們可能是農場的其他動物，想問有關選房子的問題或分享他對選房子的看法。

不管您使用哪一種辯論的方法，讓小朋友有機會交換角色是很必要的，這樣能讓學生熟悉兩方的議題，看到學生因突然轉換到相反的一方，而立即有不同的看法是很有意思的，另外一個好的方法是要求學生做出互相都能同意的決定，這個方法是鼓勵學生學習妥協的藝術。

專家　這個小組的遊戲是由幾位學生自願擔任您所給與主題的專家，他們坐在其他同學的面前，由同學來詢問他們專門領域的問題，您身為引導者仲裁他們的問答，就有點像談話性節目的主持人一般。

您需要為您的專家設計一些特別的主題，這個主題必須是小朋友在不需特別資訊下也能發表他們意見的題目，例如，這些專家可能是一些不尋常物品的發明者（如魔棒），這樣不管他們如何回答是怎樣發明魔棒的都可以被接受，因為這是一種沒有人知道標準答案的問題。

想像遊戲　　這個遊戲中，您可以先展示一些有趣的物品、道具或服裝，然後問學生下列的問題：

　　1. 猜猜看誰會擁有或使用這些東西？

　　2. 這些東西有沒有新的使用方法？

　　3. 請你表演出某些可能使用這些東西的角色，甚至以那個角色的身分，對這些道具發表些看法。

　　舉例來說，如果那個物品是煙囪蓋，學生可能將它想像成三隻小豬中大野狼所戴的帽子，而將它放在頭上然後演出「嗚！嗚！我是大野狼！」的那段。順便提一下，跳蚤市場是蒐集這些物品的好地方，而小朋友通常也喜歡帶一些他們自己的東西來參與。

即興表演的景　　當有一些戲劇經驗後，小朋友通常就能嘗試做些即興表演了。表演的場景是來自故事的情境中，最好有兩個角色以上，而對話是在表演時即興編出來的，演出前可以提供劇情說明或情節大綱，例如：

　　讓我們看看這樣的場景：豬小弟碰上了一個賣建材的人，豬小弟多快就決定用什麼建材了呢？商人花了多大的力氣去說服豬小弟？

　　鼓勵小朋友用自己的話來演出，您可以在演出之前與學生討論，當你碰到一個賣稻草的人，你可能會跟他說什麼，當學生習慣於即興表演後，他們通常會喜歡跳過討論，直接表演。

如果您對即興表演並不熟悉，就把它當成是一種實驗性質的練習，您可以跟小朋友說：「讓我們試試看，看效果怎麼樣？」用這種開放性的態度做開場，可以減低小朋友恐懼嘗試新東西的心理，同時也可以減低您對演出結果的過度在意，您只要記得，即興表演的樂趣就在於那臨場的不可預測性，沒有人確切的知道表演時會說些什麼，就跟日常生活的會話一樣是沒有草稿的。

即興表演最好是請那些已經準備好、自願參與的小朋友，害羞的小朋友在觀看比他們大膽同學的表演後，將會逐漸有信心試試看，當然不斷地鼓勵與讚賞小朋友的表演也很有幫助。

延伸活動：演出中喊「停格」，並選擇新的自願者，繼續相同的情境。這樣的方法可以讓更多的學生參與，並可讓小朋友看看，不同的演出者可對人物和情境做不同詮釋。

延伸活動：全班分成幾個小組，然後請每組表演一個景，每一組通常在演給全班看前需要幾分鐘的練習，當他們有些經驗和信心後，請學生不用練習，即興演出，小朋友會喜歡這種即席表演的挑戰。

訪問　　訪問可以有好幾種方法來進行，小朋友可以兩人或幾個人一組，一人扮演訪問者、新聞記者、電視記者、警官或其他合法的問話者，一人回答問題，在適當的時候，角色互換，讓小朋友有機會嘗試扮演訪問者及被訪問者。

兩人一組的訪談可以同時進行，同學一邊訪談一邊做筆記，訪談後再做較大組的討論，如果小朋友願意的話，訪談也可以與全班分享，就跟辯論與交談活動一樣。

　　註：本書中許多單人口語活動，建議身為引導者的您可以扮演訪問者的角色，訪問全班的小朋友，如果您喜歡的話，這些活動也都可以變成雙人訪談，再次強調這樣的方式能節省時間，並給孩子們更多的機會練習表達他們的意見，特別是當全班都想同時回答時（當他們奮力的在揮手時，你就可以感受）。

小組訪談　　小組的同學可以接受全班的訪問，舉例來說：幾個同學可以扮成薑餅男孩，然後由全班的小朋友輪流提問題，如，薑餅男孩對某件事情的態度、想法等。觀眾也可以（集體）扮演某個角色，如記者或任何一個恰當的發問者。在發問之前觀眾可以決定他們自己的角色、名字或職業：

　　　我是那個老婦人，告訴我你為什麼要離家出走？
　　　我是城裡的麵包匠，如果你是餅乾，被放在烤箱烤時是什麼感覺？

　　延伸活動：小組成員可以是故事中的不同角色，回答與自己扮演角色相關的問題，因此小組中可能包含薑餅男孩、老公公、老婆婆和狐狸，當然觀眾就像前面所說的，也可以扮演某個特定的角色。

引導者的角色扮演　　這個活動中，您藉由扮演成某一個角色以激發班上小朋友的思考與討論，這種角色可以有很多類型，您可以扮演成無助而需要協助的人，或者是扮演一個下命令的權威者，角色可以從故事中選取，或自己選擇一個合適的。

當您扮演某一個人時，您可以藉由信件、宣達政令、公告或事前準備的其他文件做為傳達訊息的媒介，您也可以使用一些小道具來激發更進一步的討論和創意，如：有趣的盒子、裝飾華麗的鑰匙、引人好奇的相片……等，都是很有用的媒介。

扮演角色的時候，您應該讓小朋友明確知道您是什麼角色，而不必像演員一樣，將扮演的角色演得像真的一樣，您不需要做誇張或形式化的表演，您只要以那個角色的身分說話就可以了，例如說，假設您是灰姑娘的後母，您可能會說：

灰姑娘，我告訴妳要拖地板，當我要求妳做某件事的時候，我希望妳能確實做好。

當您在說這些話的時候，您不見得需要像女演員一樣，用尖銳刺耳的聲音或誇張的動作演出，這些對話通常只要充分表達出這個角色就夠了，用這樣的形式，您可以扮演很寬廣的角色，哪怕這些是與您極不相同的異性角色或其他人物。

註：如果這個角色是虛擬的或非寫實的，您可以扮成那個角色的朋友，擔任信差的工作，代為傳達一封信的訊息，如果這是個可能嚇壞小朋友的角色，用這種代為傳達訊息的方式也是很好的替代方式。

使自己進入角色情境的方式，可以很簡單地宣布「現在我將變成皇后」，或「當我回來的時候，我將變成另一個人，而你將可以從我說的話中知道我是誰」，然後轉身背對觀眾幾秒鐘，再面對學生，然後以你變成的新身分說話。

另一種有效的方式是，讓小朋友在沒有出現您所扮演的角色的情況下自己討論並做決策，這種方式效果不錯，如果您的角色被視為某種危機或威脅的話，或您認為小朋友在較「私密」的情形下會較樂於討論他們的想法的話。

當您扮演的角色離開後，您可以：

1. 回復老師的角色，繼續像平常一樣，看顧班上的小朋友。
2. 不同的角色，也許是跟小朋友扮演的角色一樣，然後帶著您的想法加入他們的討論。
3. 坐在一旁，讓小朋友們獨自討論直到他們顯出需要您出現時為止。

音效　　音效可以以很多方式呈現，有時候引用故事中可以唸和做出聲音的部分，然後加以標示，音量可以以音量表控制，用紙板或木頭的指針、或鉛筆當做指示器，當你將指示器升高或降低的時候，聲音就會提高或減低，當您將指針歸零，那大家就必須安靜。

音效可以用人聲與教室內物品（如筆敲擊桌面）或樂器，您也可以用錄音機錄下學生的音效，讓他們聽聽看。

聲音默劇　　這種默劇的表演是借助其他的人在一旁製造適當的聲音來配合默劇的表演，舉例來說：默劇表演者做出敲擊桌面的動作，一旁負責音效的同學就做出敲擊的聲音出來。

延伸活動：將遊戲倒過來由默劇的表演者配合音效，例如：當聽到敲桌子的聲音時，默劇表演者就必須做出適當的動作，如敲門或應門。

說故事　　說故事可以由像一般的解說到情節有頭、有尾、有中間的完整故事。故事也可以由一個人或一群人一起說，以故事接龍為例：每一個小朋友根據前面小朋友的故事，接一到二句，再傳給下一個小朋友，接續下去。

聲音的故事　　這個活動等於是較複雜的音效，故事是以大綱的形式以聲音表現出來，而聲音的來源是以喉嚨發出來的聲音配合樂器或物品敲擊的聲音產生。舉例來說：在糖果屋的故事中也許可以編成下列的故事大綱，漢斯和葛麗特在森林中迷失了，他們發現了巫婆的糖果屋，這時巫婆突然出現，漢斯和葛麗特於是被捉去關了起來，葛麗特戰勝了巫婆，兄妹倆最後終於與父親團圓。

　　經由小組討論與計畫找出適當的聲音，以各種方法來詮釋這段情節，顯示發現糖果屋，小朋友可能決定包括哦、啊、嗯，大聲咀嚼及很滿足地舔嘴的聲音。顯示巫婆的突然出現，可以用恐怖的聲音外加尖聲發笑的聲音，年紀較大的孩子可能用較抽象的聲音如用樂器的聲音，單純地表示出那一剎那間的情緒。

　　小朋友也可以全班一起設計聲音，或者他們可以被分組而後指派負責特定的情節，並允許他們有足夠的時間去實驗各種的點子和詮釋的方法，當大家都滿意後，您（或能力較強的學生）可以去進行一小段聲音的故事，然後就像交響樂團的指揮一樣，當故事輪到某一組時，給他們一點提示。

單人應答　　單人應答是指，身為引導者的您對全班提出問題，通常會賦予他們某種角色（如，白雪公主您認為……），小朋友可能會舉手，然後依序被叫起來做簡短的回答。

　　某些單人應答，您可以扮演成訪問者，如記者或警官，其他問問題的角色可由故事中去尋找適當的人選。

　　通常最好的辦法是讓小朋友自願，而不要強迫小朋友去回答，害羞的孩子通常先需要聽聽同學怎麼回答，他們才會有勇氣發言；當然您也可以讓文靜的孩子知道他們的想法和意見是非常珍貴的，以鼓勵他們發言。

　　如果所有的孩子看起來都很想發表，您可以很快地環繞教室一圈給每一個人發表的機會，甚至為了節省時間，您可以規定一個人只能說一句話。

　　如果您的學生非常喜歡講話，而且耐不住性子等到您叫他，您可以兩個人一組，然後要他們彼此發表意見，如果他們的聲音不大，您可以全班一起參與，用鈴聲來（其他明確的訊號）告訴他們何時開始，何時結束，另一個變通的方法是用小組訪談的方式。

我是誰？　　表演者選擇某個角色演出，然後問觀眾是否能猜出演的是誰，答案只能為是或不是，並設限僅能問大約二十個問題，觀眾可以想到答案時隨時回答，但如果回答錯了，他那一回合就不能再猜了。

結語

　　有一個劇場的格言說道：「永遠使觀眾還想要更多。」這在我們引導戲劇活動時是很有用的一句話，沒有必要非得拖到大家都江郎才盡時才結束活動，反而應該讓每一個活動簡短些，在大家的創意發揮到最高點時就換另一個活動，主題也可在下次重複使用。

三隻熊的故事

AN ENGLISH FAIRY TALE

故事大意

　　三隻熊為了等早餐的麥片粥冷卻，所以就先外出散步，此時有個小女孩（古迪蘿卡）闖入他們家，並造成了一場麻煩。先是吃粥的時候，不小心弄壞了一張椅子，然後又昏睡在小熊的床上。當三隻熊發現她的時候，她害怕地趕緊從窗戶跳出去，一溜煙地逃走了。

單人默劇活動

✿ 單人默劇

- 假設妳對所有動物的家都感到十分有興趣，而且妳在發現熊的房子之前，已經先拜訪過其他幾戶動物的家。在我從一數到三的時候，演出妳勘察其他三隻動物家的模樣。當我數到四的時候，你已經到達三隻熊的家，坐在餐桌旁。

✿ 旁述默劇

- 妳是古迪蘿卡，正甩著妳濃密捲曲的金色長辮子，穿梭在森林裡。妳今天的辮子梳得格外漂亮，正好可以左右甩動引人注意。因為妳想要快速地穿越森林，妳開始用跑的。現在，妳坐在一塊大石頭上休息。身為萬眾矚目的焦點，真是令人感到身心俱疲！

- 妳飾演正連續品嚐三碗粥的古迪蘿卡——大碗的粥太燙了，中型碗裡的粥又冷掉了，小碗裡的粥冷熱適中，所以你就把它吃光光。試著坐餐桌旁的座椅——大椅子硬梆梆的，中型椅又太軟，小椅子軟硬適中，但妳坐下後座椅底部卻掉了下去，害妳跌坐在地上。現在妳已經很累了，上樓試試哪張床睡起來最舒服。大床的枕頭太高，中型床腳又太低，小床的高矮適中，所以妳蓋上棉被後立即入睡。祝妳有個好夢！

- 每隻熊與古迪蘿卡吃粥的方式都不同。讓我們一塊兒來瞧瞧他們不同的吃粥方式，別忘了這三隻熊的家教森嚴，但古迪蘿卡卻不是。首先是大熊爸爸，接著是身材中等的熊媽媽以及小熊寶寶，最後輪到古迪蘿卡。

單獨應答活動

🌸 單獨應答

- 我們認為古迪蘿卡有可能是幫忙家人出門跑腿，不過我們不清楚她到底要上哪兒去，也不知道是誰派她出來的。在場有沒有人能夠回答這兩個問題？告訴我們你是誰，還有你是怎麼知道的。
- 你是其中一隻熊。告訴我們你出門等粥涼的時候做了些什麼。回答的時候，用聲音及動作讓大家知道你演的是哪一隻熊。
- 經常為了芝麻小事動不動就哭了的小熊寶寶，見到自己的椅子壞了，就開始哭了起來。你是小熊寶寶。你又哭了？這次又怎麼啦？（身為引導者，你要扮演媽媽或爸爸，負責回答。）

雙人與小組默劇活動

數數／停格默劇

- 古迪蘿卡在抵達熊的家之前，在森林裡逗留了很久。請你們當中的幾位來演出一些她在森林裡可能會做的事。其餘的人負責猜他們在演什麼。
- 三隻熊在散步時可能會做些什麼？三人一組演出三隻熊在森林裡做的事，讓其他人猜。

建構空間

- 除了裝粥的碗、椅子和床之外，你認為熊的家還有些什麼東西足以吸引小女孩不請自來潛入屋中？布置一間有好設備及漂亮擺設的房子以吸引古迪蘿卡進屋。

靜止畫面或即興表演的景

- （以四人為單位，將全班分組。）演出三隻熊發現古迪蘿卡的情景。別忘了要讓觀眾猜得出你演的是哪隻熊。
- 演出三隻熊在家（或在野餐、購物、做家事、動物園等地方）

的情景。別忘了每隻熊都要有所表現，好讓觀眾可以了解每隻熊的喜好。

- 演出三隻熊正在替古迪蘿卡收拾殘局的情景。雖然小熊寶寶需要父母在一旁指導，他也可以一起幫忙。音樂一響起，一組三人合力把房子恢復原狀。

雙人及團體應答活動

✿ 單人應答

- （把全班分成三組，分別飾演大、中、小三隻熊的角色。）三隻熊都愛唱歌。要記得你演的是哪隻熊，運用適合角色的聲音，一起唱「瑪麗的小羊（Mary Had A Lamb）」這首歌。

✿ 說故事

- 假設三隻熊的故事劇情與現代版完全相反，換成小熊寶寶去拜訪古迪蘿卡的家。這個故事會如何發展？（接著，小朋友可能會想要聽小熊星期日早餐的故事，故事的內容列在本章末的相關資料。）
- 鄰居時常在話家常時交換有關淘氣的古迪蘿卡闖禍的故事。很明顯的，她並不如外表看起來那般乖巧！他們今天所說的是有關她的什麼事？

專家

- 有些故事的版本寫到，古迪蘿卡的家教不好。今天我們很榮幸能邀請到幾位禮儀專家，他們會針對我們的問題，告訴我們一般家教良好的小孩在不同情況中應有的表現。

訪談與引導者的角色扮演

- 假設古迪蘿卡在三隻熊返家前就離開了。三隻熊發現他們的房子受到破壞後，就去找警察協助。五人一組，其中兩人飾演質問三隻熊的警察。偵探會問些什麼問題來獲得案情相關資料？有沒有可能三隻熊在離家的時候，屋內早已一團混亂？除了食物被吃掉了、一把壞掉的椅子以及被弄縐的床鋪外，還有什麼證據可以證明有人闖空門呢？你如何推論闖入的是一個小女孩？（團體訪談後，你以領導者的身分扮演警長，彙整大家的資料。對於年紀比較小的孩子，應以兩人一組進行活動，一人扮演偵探、另一人飾演熊。）

即興表演的景

- 古迪蘿卡在出門幾小時後返家。她的父母一方面很擔心她的下落，一方面又為她離家很久感到氣憤。他們要求她做解釋。

古迪蘿卡說了些什麼？她的父母是否滿意她的說詞？（二至三人一組，進行這個活動。）

- 以往出門從不鎖門的熊家庭，如今決定安裝保全系統。保全公司的二位售貨員親訪熊的家，並向他們推銷一套爲他們量身定做的產品。售貨員會向他們推銷哪些保全產品？三隻熊最後決定訂購什麼？

- 小熊寶寶認爲自己已經長大，不想再和父母一塊兒散步，今天早上打算獨自一人留在家裡。與其要讓父母發覺他已經夠大，而允許他在家，小熊決定自己先開口說服他們，他會成功嗎？（二或三人一組進行活動。）

- 古迪蘿卡剛剛被三隻熊發現。他們要她解釋爲什麼她會出現在屋內。古迪蘿卡想盡辦法找藉口，卻仍然無法說服他們。（二或四人一組進行活動。）

引導者的角色扮演

- （你負責扮演古迪蘿卡的母親。）我真的很爲我的女兒古迪蘿卡擔心。她常常離家到處遊蕩製造麻煩。她一副天不怕地不怕的模樣，雖然說這也算是一項優點，但是我還是希望她做事能謹慎點兒。我要怎樣幫助她了解獨自出門是非常危險的？你有沒有什麼建議？

辯論

- 班上一半的同學扮演三隻熊和他們的親戚，要求古迪蘿卡和她的父母能為古迪蘿卡所引起的麻煩有所行動，並負責到底。畢竟，她就是那個闖空門、偷吃食物、破壞傢俱、製造麻煩的人。另一半的學生扮演古迪蘿卡的家人，宣稱她是一個喜歡結識新朋友，且極具好奇心的孩子。他們認為熊家族應該有比較寬容的態度。（你假扮成法官，但不能偏頗任何一方。暗示雙方你有其他更重要的案子要處理，所以希望雙方能盡快達成協議。當兩方達成共識願意妥協後，即可結束辯論。）

相關活動

- 熊家庭寫一封信給古迪蘿卡，為嚇壞她的事道歉。古迪蘿卡也寫了一封道歉信給三隻熊。這兩封信各寫了些什麼內容？三人一組完成這兩封信，並大聲朗讀給全班聽。
- 為熊社區創辦一份報紙。報紙上可能會有闖空門或街頭巷尾遭到破壞的相關報導；美食專欄也有各種麥片粥的食譜；分類廣告可能會刊登二手傢俱廣告；或是「家庭」版上會有維修座椅的教學。報上可能也會有一些令熊感到有興趣的週末活動公告，以及一些熊會感到有興趣的商業廣告。報紙上可能還會有哪些有趣的專欄？

- 小熊寶寶要過生日了。幫他策畫生日派對，統籌一切包括慶祝會的遊戲及宴客餐點。（別忘了要幫他準備熊喜歡吃的食物。）小熊寶寶也想邀請他的朋友及上次闖空門的小女孩來參加。幫他寫封邀請函給古迪蘿卡。
- 小熊寶寶寫一封信給他的祖父母，告訴他們有關小女孩闖入屋內的所有經過。用小熊寶寶的語氣完成這封信。

選薦繪本

Goldilocks and the Three Bears. Retold and illustrated by Jan Brett. Dodd, Mead, 1987.（在這一個改編的版本中，呈現出精彩的內容，中古世紀的風情，以及多彩多姿的故事情節）

Goldilocks and the Three Bears. Retold by Armond Eisen and illustrated by Lynn Bywaters Ferris. Knopf, 1987.（在這些插畫中，古迪蘿卡是個穿著中古世紀服裝的漂亮女孩。）

The Three Bears. Written and illustrated by Paul Galdone. Ticknor & Fields, 1985.（在此版本的插畫中，小熊們淘氣的臉龐和古迪蘿卡那一副缺了顆門牙的頑皮的表情都被特別的描繪了出來。）

Goldilocks and the Three Bears. Written and illustrated by James Marshall. Dial, 1989.（馬修爾憑著他的智慧和幽默，創造出一套獨一無二的說故事技巧。）

相關資料

Little Bear's Sunday Breakfast. Written by Janice. Lothrop, Lee and Shepard, 1958.（在這個改寫的故事裡，小熊去拜訪古迪蘿卡的家。）

Goldilocks. Adapted by Tom Roberts and illustrated by Laszlo Kubinyi. Rabbit Ears, 1990.（以上個世紀爲背景的插畫和充滿鄉土風味的對白替這個古老的寓言故事帶來新的轉變。古迪蘿卡是一個有點兒自以爲是的小女孩，她一進到小熊他們的屋子裡就說：「這些是誰布置的啊！這床單和床一點都不搭襯。」）

"Goldilocks and the Three Bears." Written by Roald Dahl. From Roald Dahl's Revolting Rhymes. Knopf, 1983.（作者認爲古迪蘿卡不只是在上床睡覺前未將髒鞋子脫掉，她還想做更多搗蛋的事。）

"The Grievance." Written by Sara Henderson Hay. From Story Hour. Doubleday, 1963.（熊一家最後還是接受了古迪蘿卡，但最小的熊寶寶仍然無法忘懷她冒失的行爲。）

三隻比利山羊

PETER CHRISTEN ASBJØRNSEN

故事大意 ————————

　　古魯夫家的三隻山羊，如果想要過橋到另一端的牧場吃草，就必須以機智制服橋下威脅要吃掉牠們的怪獸。

單人默劇活動

單人默劇

• 你是橋下熟睡的怪獸。現在是清晨，你昨晚並沒有睡飽。你剛睡醒的樣子看起來怎麼樣？當我慢慢地數到五時，你開始起身。

- 你是古魯夫家的大山羊，你長得又大又壯，一點兒也不害怕壞心的怪獸。你開始散步過橋（適當地走動）。

- 你是怪獸，待在橋下等候。待在那裡等人過橋，你一定感到十分無聊吧。想三件你可以在等人時所做的消遣活動。我會放點兒音樂（葛麗格皮爾金組曲中的「山之王的大廳」），當我數到三時，請演出你想到的三件事。（小朋友可能會想到清指甲、剔牙、數葉子，或是在河面上照出鬼臉嚇自己等事情。）

旁述默劇

- 你是又大又醜的怪獸，你的眼睛像小茶碟一樣大，鼻子像撲克牌一樣長。你會把所有過橋的人吃掉。左邊聞一聞，右邊聞一聞，好像有好吃的東西向你走過來。為了搞清楚狀況，你伸出頭來在橋上偷看一下有什麼好吃的東西正朝你走過來。好吃，好吃，真好吃。

- 你是那座服務大家過河多年的橋。演出人們踩在你身上過河時的感受。這時小比利山羊出現了——乓砰，乓砰，乓砰，接著是體型中等的山羊——乓砰，乓砰，乓砰，最後是大的比利山羊——乓砰，乓砰，乓砰，祈求老天爺，今天不要再有任何人來過橋了。

單獨應答活動

🏵 單獨應答

- 你是最小隻的比利山羊。你為什麼要過橋呢？你難道不知道怪獸正在橋下等你嗎？你難道不知道自己快遇上大麻煩了嗎？你想到要如何回答怪獸的問題了嗎？

- 你是大比利山羊。你認為整天保護你的弟弟是一件怎樣的差事呢？是不是會有點兒無聊？你是發自內心想要幫助他們，還是只是因為你基於年紀及身材考量而幫助他們的？除了照顧他們以外你還做了些什麼？

- 你是比利山羊的家人。你有個好玩的名字——古魯夫。那是你的真名還是只是別人隨口叫的？其他山羊家庭也有名字嗎？如果有，他們名字跟你的一樣嗎？（你可以假扮成一位戶口普查員。）

- 你是一座橋，告訴我們你的生活是怎樣的。比利山羊走過你身上是怎樣的滋味？還有什麼人或動物會走過你身上？是誰建造你的？你有沒有什麼秘密可以告訴大家？

- 你是怪獸，現在正在練習問問題與威脅別人的伎倆。你會幾種詮釋台詞的方式？

雙人與團體默劇活動

建構空間

- 我們可以清楚知道，怪獸就住在橋下。你是否曾經想過他住的地方長得怎麼樣？在他橋下的家中可能有些什麼？請設計他的居所並加以布置。

鏡子活動

- 兩人一組，演出怪獸照鏡子練習用鬼臉嚇人的模樣。

靜止的畫面

- 四人一組，演出三幕怪獸與大比利山羊打鬥的連續靜止畫面。加入兩隻年輕比利山羊在一旁湊熱鬧的情景。第一幕靜止畫面中，大比利正準備好撞擊怪獸，而最後的靜止畫面為比利山羊洋洋得意地看著跌入水裡的怪獸。別忘了在畫面中加入兩隻年輕比利山羊湊熱鬧的動作與表情。

雙人與團體應答活動

🏵 引導者的角色扮演

- （由引導者讀一封來自怪獸的信。）「親愛的同學，我有事必須出門幾天，我很擔心我會因此無法好好的守衛我的橋。我不在的時候，要怎樣才能確保別人不會來穿越這座橋？請把你們的建議事項寫在黑板上，我今晚會來看你們的留言。謝謝你們的協助！（簽名）怪獸留。」

- （扮演怪獸的母親或父親，來對抗比利山羊。表現自然，不要故意裝邪惡或鬼臉，也不要驚嚇小孩或引起他們的報復舉動。）我知道你是誰，你是古魯夫家的小孩。我要跟你談一談。你為什麼一直要來走我兒子的橋？你難道不能另外找個牧場覓食，非得故意跟我兒子作對嗎？你可以在自己的庭園裡栽種牧草，在橋的這一端活動就好，你覺得怎麼樣？

- （你扮演怪獸的母親或父親。）古魯夫先生、古魯夫太太，我要跟你們聊聊有關你們家小孩的事。他們每次經過我兒子的橋時，都會破壞我們的房子。這座橋已經因此損壞，對我的兒子造成相當的困擾。我相信你們跟我一樣不希望事情越鬧越大。那我們該如何解決這個問題呢？

- （你扮演一個好管閒事的街坊鄰居，或一個具有權威地位的小兒科醫師，或是學校的心理輔導諮商師。）怪獸先生、怪獸太太，我想跟你們談一談有關你們家寶貝的事。他看起來一副兇巴巴的樣子，又常常提到要把別人吞掉的事情。他為什麼會這麼生氣？他從什麼時候開始變成這樣的？有沒有可能是因為他有什麼困擾？也許他這樣的舉動是為了掩飾其他的問題？（討論完畢，謝謝對方的合作。如果小朋友對這樣的討論感到相當有興趣，之後你可以再讀一封老師寫的，有關怪獸近來在校表現的信。）

- （你扮演操心的怪獸母親。）醫生，我真不知道該怎樣管教我的孩子。他從不跟其他小孩分享他的玩具；老實說，他總是與其他小孩打架。雖然我有處罰他，但好像沒有任何效果。我絞盡腦汁還是不知道該怎麼辦。你能幫我嗎？（列一張表，記錄所有的建議事項。小朋友所提出的建議要具可行性及非暴力的原則。如果他們的提議太過於暴力，告訴他們你之所以會請他們當醫生，是因為你認為他們個性溫和且夠聰明——所以你會期待他們給的意見也是溫和且有智慧的。如果小朋友喜歡這樣的活動，你可以擇日再做一次這個活動，讓小朋友針對怪獸近來的表現，提供一些建議。）

辯論

- （把全班分為怪獸家庭與比利山羊家庭。）比利一家人說，橋的另一頭牧場上的牧草最美味，所以山羊應該有權利去那裡覓食。怪獸們說，他們只想平靜的過生活，不再整天受到腳步聲的干擾。這場討論中，他們還說了些什麼？（你飾演農場主人，你希望山羊和怪獸能和睦相處。）

訪談小組

- （訪談成員全部飾演怪獸的角色。）可能會被問到的問題：整天坐在橋下等待下一餐的獵物上門，是怎樣的情形？一天之中獵取食物的最佳時段為何？你曾讓任何人像最年幼的比利山羊一樣過橋嗎？你在威脅或吞食別人之後，是否會有些罪惡感？你是真的會吃掉比利山羊，還是只是嚇嚇他們而已？你的父母對你的所做所為有什麼看法？

即興表演的景

- 怪獸剛跌入河中，全身濕漉漉的。他試著向母親解釋他全身淋濕的原因──這已經是這個星期的第三次。他解釋的時候，故意漏掉跟比利山羊打架的經過。最後以怪獸的母親懲罰怪獸的情景結束演出。不可以體罰（如：打耳光）！

相關活動

- 你是交通大隊的一員。各小組擬定一張穿越橋的規則。要仔細考量比利山羊與怪獸的需要。（把各組的規則，統整為一。）

- 研究類似機場臨近社區的噪音管制規定。爲橋下的居民,撰寫一個類似的橋樑交通管制的規定。
- 研究各種不同類型的橋樑與其建築結構。設計一座新的,可以同時解決怪獸與比利山羊問題的橋。
- 找出其他有關怪獸的故事。比較怪獸在每個故事中的性格。你最喜歡怪獸的哪一種個性?
- 比利山羊與怪獸的故事大受歡迎,於是怪獸決定要藉機賺錢。他考慮把他的橋變成一個觀光據點,開始做販售紀念品的生意。替他設計一些適合販售的紀念品。

選薦繪本

Three Billy Goats Gruff. Retold by Paul Galdone. Houghton Mifflin/ Clarion, 1973.(古登的插畫特別強調整個故事的民俗特色。)

The Three Billy Goats Gruff. Retold and illustrated by Janet Stevens. Hardcourt, Brace, Jovanovich, 1987.(這個改寫的版本替故事中的主角塑造出可愛的造型——小比利山羊含著奶嘴,大比利羊穿件皮外套而且還戴太陽眼鏡。)

Three Billy Goats Gruff. Illustrated by Marcia Brown. Harcourt, Brace, Jovanovich, 1957.(出於個人偏好,這些插畫明顯的強調戲劇性的張力。)

三隻小豬

JOSEPH JACOBS

故事大意 〰〰〰

　　三隻小豬離家打拚，第一隻小豬建了一棟用稻草做成的房子，第二隻小豬用樹枝建房子，第三隻用磚頭造房子，一隻狼吹倒了前兩棟房子，也把兩隻小豬給吃了，但因為它吹不倒磚頭蓋的房子，它只好想辦法要把第三隻小豬給騙出房子，但是第三隻小豬太聰明了，它用自己的智慧打敗了狼。

單人默劇活動

❀ 單人默劇

- 首先，學小豬建一間稻草做成的房子；再來，學另一隻小豬用樹枝建房子；最後學第三隻小豬用磚頭造房子。
- 當狼沒有在追小豬時，牠在做什麼（討論）？想出三樣牠可能做的事，當我數一二三時，請你做出動作來。（伴隨這個活動，請選擇適當的音樂，因爲大野狼可能是做一些輕鬆的休閒活動而不是什麼嚴肅可怕的事情。）

❀ 旁述默劇

- 你是其中一隻房間被狼吹走的小豬，試試看你到你的弟弟那裡能跑多快，到了之後請鎖上門，門把下用張木椅檔住，再把窗簾拉上，這樣大野狼才不會偷看得到，然後躲進衣櫥直到你兄弟下工回家（有些童話版本是前兩隻小豬跑到第三隻小豬的家）。
- 當第三隻小豬看到大野狼時，牠正躲在一個奶油桶裡，讓我們看看肥小豬塞進奶油桶裡的樣子，你要快點喔！因爲大野狼快接近了！別忘了把蓋子蓋上！安全了！

單獨應答活動

單獨應答

- 妳是豬媽媽，妳的年紀大了，再也沒辦法照顧妳的三隻小豬，妳是如何遇到這樣的經濟危機？妳認為妳的孩子會發生什麼事？妳會替牠們擔心什麼事？
- 你是其中的一隻小豬，你正在收拾行李準備離家，你會帶哪一樣特別的東西離家，告訴我們為什麼你要特別帶那樣東西？
- 你是大野狼，你很興奮要吃到豬排大餐以至於忘了你每次把小豬的房子吹倒之前所說的口訣，你還會說什麼其他的口訣呢？
- 你是大野狼，為什麼你下了決心要吃這一家的小豬？他們做了什麼對不起你的事嗎？
- 我們是大野狼，正在煮滾水，告訴我們你為什麼不該被吃？最好快點，水越來越熱了。
- 你是其中的一隻小豬，你和你兄弟的那個口訣——不是我下巴下的鬍子——是什麼意思？你們是從哪裡學來的？

說故事

- 你是大野狼，已經被那個從山上滾下來的圓圓大大的東西（奶油桶）嚇得沒了主意，你跑到小豬的房子那裡上氣不接下氣地告訴牠有一隻可怕的野獸在追你，你會說一個什麼樣的故事？

成對和成組的默劇活動

🏵 旁述默劇

- （把班上小朋友分成三組）你們是三隻小豬，你們有一個裝滿水的大鍋子，因爲太重，你們得三個人把它搬到火爐那裡，三個人要一塊走十步，然後把鍋子掛在鉤子上，注意別把水潑了出來，很好！

🏵 鏡子活動

- 兩人一組，扮演其中一位正在刮鬍子的小豬。塗上肥皂泡沫，非常小心地用筆直的刮鬍刀刮鬍子。看！你鼻子和嘴巴間沒有刮乾淨！

🏵 靜止的畫面

- 假裝自己是豬媽媽，跟三隻小豬說些感人的告別話。
- 假裝自己是大野狼，在三隻小豬眾目睽睽下「啪」的一聲跌進鍋裡。
- 假裝自己是大野狼，把稻草做成的房子給吹倒了，然後又把樹枝做成的房子給吹倒了，這兩種情景會有何不同？

成對或成組的應答活動

❀ 口語表達

- 豬媽媽正和朋友喝下午茶，這些朋友都在談自己孩子的成就，豬媽媽也想誇讚自己的三個兒子，但她得保留大野狼吞掉前兩個兒子的那一段，她會怎麼說呢？

❀ 訪談

- 大野狼最近老是出聲嚇唬人以至於喉嚨不舒服了，它去看醫生，醫生做了檢查又問了一些問題以找出病因，我們稍後對照醫生寫出的診斷，然後再整組為大野狼開張藥方（先兩人一組開，然後再整組開一張藥方）。

❀ 辯論

- 大野狼的名聲不好，一隻豬、一個穿斗篷的小女孩，還有一個放羊的孩子都說了一些抱怨的話。三個證人：大野狼的前保母，牠的首席律師還有牠的老師，將會代表牠回答社區居民的問題，有些居民認爲大野狼應該爲自己的罪行付出代價，有的居民說大野狼其實有被大家忽略的優點存在。

• 五人一組，替一家建材公司拍個電視廣告，它的顧客群主要是想購屋的豬，你需要考慮到：公司的名字、廣告的口號、你會賣哪些防狼的建材？你會用什麼廣告技巧？

引導者的角色扮演

• （你扮演大野狼的媽媽）能遇見你們這群傑出的狼真好，真希望我的兒子大野狼也跟你們一樣，他很不穩重，也沒什麼野心，成天只會在附近走來走去欺負弱小，我不知發生了什麼事？也許是他交上壞朋友了，真不知該怎麼辦才好？既然你認識他，不如請你給我一些建議好嗎？

即興表演的景

• 狼媽媽叫大野狼出去抓隻豬回來當晚餐，但這次牠兩手空空回家，牠會說什麼藉口呢？狼媽媽又會有什麼反應？這一幕戲在牠們決定今晚不吃豬肉的時候結束。

相關活動

- 假裝你是第三隻小豬，寫封信給媽媽告訴她你的成就，也談談你的兄弟們。但是，別讓媽媽太擔心。
- 假如你是用稻草或是用樹枝蓋房子的那隻小豬，你想寫封信向建材供應商抱怨，你會如何抱怨那些劣等的建材，你又會建議供應商哪些事項？
- 三隻小豬決定要住在一塊，但是磚頭屋得重新設計才能容納三隻小豬，請幫三隻小豬畫張平面圖。每隻小豬都需要隱私權，記得把客房畫進去，豬媽媽會常來看牠們的。
- 三隻小豬決定要開個派對慶祝牠們抓到大野狼，牠們在派對上會玩什麼遊戲，讓大家知道大野狼是壞蛋而他們是英雄呢？
- 三隻小豬有媽媽傳下來的燉狼湯食譜，把食譜寫出來，詳細說明會讓湯這樣美味的小配料，要怎麼煮才好吃呢？
- 大野狼有本豬肉及火腿肉的食譜，寫出牠最喜歡的一些食譜，牠又會有哪些烹調秘訣？
- 大野狼因為胸痛去看醫生，醫生發現他吃了太多的脂肪，假裝你是醫生，寫張一星期的低脂肪低卡路里的食譜給大野狼。

選薦繪本

The Three Little Pigs. Illustrated by Erik Blegvad. Atheneum, 1984.
（用鋼筆打草圖，再用彩色鉛筆上色的小插圖，展現出故事的內容。）

The Three Little Pigs. Written and illustrated by Gavin Bishop. Scholastic, 1990.（這個版本有參雜了一些現代的事物，狼戴了副太陽眼鏡，還聽隨身聽呢！）

The Three Little Pigs. Retold and illustrated by Jean Claverie. North-South, 1989.（這些小豬們手足情深，且藉著每日森林郵報，知道壞野狼回來了。）

The Three Little Pigs.Written and illustrated by James Marshall Dial, 1989.（身為一個受歡迎的作家和插畫家，馬修喜愛他自己的格調和卡通造型的插畫。）

The Three Little Pigs. Illustrated by William Pene du Bois. Viking, 1962.（這些可愛的插圖是以英國為背景所繪成的。）

The Three Little Pigs. Margot Zemach. Farrar, Straus and Giroux, 1988.
（在這些水彩的插畫中，小豬們有張毛茸茸的臉，並穿著有補丁的衣服。）

相關資料

The True Story of the Three Little Pigs! Written by Jon Scieszka and illustrated by Lane Smith. Viking/Penguin, 1989.（野狼說他只是想借一些糖，但他不小心打了個噴嚏，吹壞了小豬的門。）

The Three Little Pigs and the Fox. Written by William H. Hooks and illustrated by S. D. Schindler. Macmillan, 1989.（在這個故事的另一個版本中，有一隻會捉弄狐狸的豬小妹——哈姆雷特）。

"The Builders."Written by Sara Henderson Hay. From Story Hour. Doubleday, 1963. Also in Reflections on a Gift of Watermelon Pickle, edited by Stephen Dunning, Edward Lueders, and Hugh Smith. Scott, Foresman, 1966.（第三隻小豬述說著，他是如何勸告他的兄弟們，建房子時別做出愚蠢的選擇。）

"The Three Little Pigs."Written by Roald Dahl. From Roald Dahl's Revolting Rhymes. Knopf, 1983.（第三隻小豬，請來了小紅帽幫助他把大野狼殺了，就像小紅帽在她的故事中所做的那樣，現在她有兩件狼皮大衣和一個豬皮的旅行箱了。）

小紅帽

Jakob and Wilhelm Grimm

故事大意 ━━━━━━╲Λ╱━━

　　一個小女孩帶著一籃食物去探視奶奶，在路上遇到一隻狼，她告訴了狼她要去看奶奶，狼走捷徑到了奶奶家，吃了奶奶，穿上她的睡袍。小紅帽到了一看，被奶奶的模樣給弄糊塗了，她問了裝成奶奶的大野狼一些問題，大野狼從床上跳下來也把她給吃了，一個路過的伐木工人切開狼的肚子，把小紅帽和她的奶奶救了出來。

單人默劇活動

旁述默劇

- 你是狼，你急急忙忙地準備好要等待小紅帽的出現，穿上奶奶的睡袍。你以前從沒穿過這樣的衣服，所以你最好得趕快弄清楚怎麼穿，注意長袖子，穿上長袖子需要費點力。嗯！看起來不錯喔！喔！你的尾巴露出來了，現在把睡帽戴上，把你的耳朵塞進去，快照一照鏡子，跳上床，裝著一副很累又生病的樣子。好了，她來了，別動喔！

轉化

- 數到十，你會慢慢地從一隻狡猾的大野狼變成一個可憐又病奄奄的老奶奶。

單獨應答活動

- 你是小紅帽的奶奶，我們知道妳很喜歡妳的小孫女，告訴我們妳爲什麼喜歡她，她有什麼特別的地方？
- 老奶奶，妳爲什麼要住在這麼遠的森林裡，妳曾想過要住得離親戚近一些嗎？
- 妳是小紅帽的媽媽，妳爲什麼要她去看老奶奶？妳明明很清楚她一個人去很危險的。
- 你是大野狼，當你在沒跟蹤森林裡的小女孩或嚇唬一些老奶奶的時候，你都做些什麼？
- 你是個播報員，你正在播報森林裡有關狼的危險性新聞，對於今天這樣一則新聞，你會做什麼樣的新聞提示？

成對和成組的默劇活動

❀ 鏡子活動

• 小紅帽正在照鏡子看她的斗篷，她用好幾種不同的方式戴斗篷，請擺出幾種不同的姿勢。

❀ 數數／停格默劇

• 伐木工人得到大野狼的皮要帶回家，模仿他處理毛皮的樣子。

❀ 數數／停格或分組默劇

• 小紅帽好喜歡她的斗篷，所以她喜歡每樣東西都是紅色的，演出她用的穿的可能是紅色的東西。

❀ 即興表演的默劇

• 請演出下列的情景：伐木工人聽到狼打鼾，他用刀把狼的肚子剖開，救出小紅帽和老奶奶，當小紅帽和老奶奶向工人說再見，這一幕戲就可以結束了。

成對和成組的應答活動

🍀 音效默劇搭配

- 伐木工人在森林裡砍樹。
- 大野狼在吃完小紅帽和她奶奶之後打鼾。
- 小紅帽在森林裡一邊摘花一邊哼歌。

🍀 即興的景

- 小紅帽厭煩了得來來去去在森林裡探視老奶奶，今天她會跟媽媽說什麼藉口呢？媽媽又會如何慫恿她去？當小紅帽拿起籃子走出門時，這一幕戲就可以結束了。
- （分組做這項活動）大野狼正在訓練自己的聲音，牠假裝用一種像小女孩或老奶奶的聲音講話，教牠用假音說話的老師會給牠什麼建議呢？大野狼是個好學生嗎？這一幕戲會在大野狼和老師約定下一次上課時間的時候結束。

🍀 訪談和引導者的角色扮演

- 一位警官在森林裡巡邏，攔下大野狼盤問他去了什麼地方？

要做什麼？警官接受大野狼的答案嗎？（分組做這項活動，最後讓演警官的孩子向你報告大野狼說的話。）

- 一位社工來拜訪老奶奶，看看是否有什麼能幫忙的，即使老奶奶病已經好了，她的年紀還是太大，所以不能一個人過活，想想看有什麼好法子？（讓學生當小紅帽的父母親，向你報告他們的討論結果，列出一張上面有解決方法的表出來，比較各種方法。從你的觀點來看，這些方法有用嗎？）

辯論

- 班上一半的同學代表大野狼，另一半代表小紅帽和她的親戚和鄰居，兩方各執什麼樣的說辭？

相關活動

- 在森林裡及其他地方遇見陌生人的時候，小紅帽需要一些指示，列出一些該做和不該做的事。
- 如果一個人要去拜訪一位身體不太舒服的長輩，他應該要帶什麼東西去，列出一張表來，包括食物和必需品。
- 研究狼群，找出牠們真正吃什麼東西。

選薦繪本

Little Red Cap. Translated by Elizabeth D. Crawford and illustrated by Lisbeth Zwerger. Morrow, 1983.（地方腔調，賦予了這個故事鄉村的色彩。）

Little Red Riding Hood. Retold and illustrated by Trina Schart Hyman. Holiday, 1983.（書中有細緻的插圖、裝飾，還有一個穿高統鞋的快樂小女孩。本書曾獲考德卡特獎。）

Red Riding Hood. Retold and illustrated by James Marshall. Dial, 1987.（馬修的卡通造型插圖，使得整個故事充滿著歡樂。）

相關資料

"The Grandmother."Written by Sara Henderson Hay. From Story Hour. Doubleday, 1963.（老奶奶很寂寞，所以她收容了許多迷路的小孩。）

Gunniwolf. Edited by Wilhelmina Harper and illustrated by William Wiesner. Dutton, 1967. A little girl escapes the wolf by singing sweetly.（See also: Gunnywolf. Written and illustrated by A. Delaney. Harper, 1988.）（小女孩藉著唱出美妙的歌聲，而逃離了野狼的魔掌。）

"Little Red Riding Hood and the Wolf."Written by Roald Dahl. From Roald Dahl's Revolting Rhymes. Knopf, 1982.（小紅帽用藏在她褲管中的手槍斃了野狼，不一會她就穿了件狼皮大衣。）

Lon Po Po. Translated and illustrated by Ed Young. Philomel, 1989. （中國版的小紅帽，是一個母親把她的三個小女兒留在家中，獨自去拜訪外婆，一隻飢餓的野狼，裝扮成她們的外婆，想要進入小女孩的家，但是它失敗了。本書曾獲考德卡特獎。）

薑餅男孩

AN AMERICAN TALE

故事大意 ————〰️—

　　世上很多傳說都描寫過逃跑的食物，在美國版的這類
故事裡，有對老夫婦很想要有個小男孩，當老太太烤了一
個男孩形狀的薑餅時，這塊薑餅真的變成了活人跑走了。
每個人都追著薑餅男孩，但他都能跑贏每個追他的人，直
到他遇見一隻狡猾的狐狸。

單人默劇活動

旁述默劇

- 把自己當成薑餅麵糰，先捲起來，當我數到十的時候，你慢慢地伸展開來，便成一個薑餅的形狀，就好像被擀麵棍給擀開一樣，左手先慢慢成形。一！二！再來右手。三！四！伸出左腿。五！六！然後右腿。七！八！最後是頭。九！十！喔！你真是個可愛的薑餅男孩！

- 你是薑餅男孩，你從烤箱裡偷看，沒人在，悄悄打開烤箱門跳出去，開始逃走！看有沒有人在追你！啊！他們在那兒！跳過大門全速往路上跑，多好玩呀！現在停下來休息一下！現在開始跑，人生有比這個更刺激的嗎？你會去哪裡？為什麼？（老師可以在學生休息時問這個問題）

數數／停格活動

- 假裝你是農場或是樹林裡的動物，你正在追薑餅男孩，讓我們猜猜你是哪種動物，用你的肢體動作或是你吃東西的方式，讓我們知道你是哪種動物，可別發出動物的叫聲喔！（好幾個孩子當同一種動物，或每個孩子當不同的動物）

- 作為一個追趕薑餅男孩的人或動物，當薑餅男孩跑過你並嘲笑你的時候，你正在做什麼？你做的事情和你做事的方式有助於我們了解你是誰，請表現出來。
- 如果薑餅男孩逃跑成功，他會去哪？他會想做什麼？你認為薑餅男孩之後會去哪裡探險？請做出動作讓大家猜。
- 追薑餅男孩的人想要吃了他，當那些人沒抓到薑餅男孩的時候，他們吃什麼？做出動作，讓大家猜那種食物。

🏵 安靜活動

- 你演出的是吃了薑餅男孩的狐狸，吃飽了以後，你在河邊樹下睡了一頓好覺。

單獨應答活動

🏵 單獨應答

- 薑餅男孩邊笑邊跑，讓大家聽聽一個薑餅的笑聲（一次讓三到四個學生試試）。
- 假如妳是那個矮小的老太太，妳因為薑餅變得很有名，妳上了一個烹飪節目，說明妳的獨家食譜，讓大家看看妳是怎麼做出薑餅的，但是這一次可沒有真人跑出來了。

- 假裝你是故事裡在追薑餅男孩的人或動物，告訴我們你是誰，然後說明爲什麼只有你能追到薑餅男孩。

成對或成組的默劇活動

即興表演的默劇

- 做個薑餅男孩跳出的烤箱，當我給訊號時，薑餅男孩會打開烤箱門跳出來（五人一組）。

機械式的動作

- 假如那個矮小的老太太有個電動攪拌機或食物料理機，讓我們看看這種玩意兒是怎麼動的（五人一組）。

成對或成組的口語活動

訪談

- （兩人一組）薑餅男孩訪問男主人和女主人要知道他／她打

算怎麼照顧他，男主人和女主人對彼此的期望又是如何？

訪談小組

- （小組成員包括薑餅男孩、觀眾當新聞記者）

被問到的問題可能是：你在什麼時候變成活人的？在你最初被放入烤箱時或是之後？當你了解到發生在你身上的事時，你的腦海裡閃過什麼念頭？你又是什麼時候決定要逃跑的？你為什麼要逃家呢？

引導者的角色扮演

- （你當老先生或老太太）

各位好鄰居們：

謝謝你們的幫忙，我想我們一起動動腦就能想出方法阻止薑餅男孩，也許是用路障吧！我們最後聽到的消息是他往河邊的方向去，你們三人一組幫我們想個計畫好嗎？開始計畫前有什麼問題嗎？

訪談和引導者的角色扮演

- （兩人一組）你們其中一個當老夫婦的鄰居，你打電話給警長報告隔壁發生奇怪的事，副警長來問細節，記下內容，當訪談結束時，我會聽你報告（再來，你當警長，看副警長的報告）。

- 兩個偵探在詢問一對老夫婦，他們的小孩失蹤了，你能找出什麼線索？有沒有漏掉什麼訊息？
- 你覺得這其中有詐嗎？你能找到什麼線索？老夫婦覺得發生了什麼事呢？（四人一組，然後你當偵探的頭頭。）

❋ 專家

- 一群專家在電視談話節目上探討逃家孩子的問題，觀眾群裡的親友團會有機會問問題，親友們會問什麼問題？專家們又會給什麼建議？（你當談話節目的主持人。）

❋ 相關活動

- 寫一首薑餅男孩在逃跑時可能會哼的歌。
- 畫張薑餅男孩逃跑的路線圖，點出他被抓到的地點。
- 找出有關薑餅的食譜，選一種來做做看。
- 畫張薑餅娃娃的圖案，除了糖漿，還可以用什麼糖果裝飾薑餅娃娃？
- 你可以找到幾個關於逃跑食物的故事嗎？
- 假如薑餅男孩活下來，他長大了也去上學，他在學校學的科目會和其他小朋友有什麼異同之處呢？為薑餅男孩做一張典型的課表。

選薦繪本

The Gingerbread Boy. Written by Hilary Knight and illustrated by Scott
    Cook. Knopf, 1987.

The Gingerbread Boy. Written by David Cutts and illustrated by Joan E.
    Goodman. Troll, 1979.

The Gingerbread Boy. Illustrated by Paul Galdone. Houghton Mifflin/
    Clarion, 1975.（可愛的插圖，傳達出這個故事快樂的氣氛。）

The Gingerbread Man. Written by Karen Schmidt. Scholastic, 1985.
    （這是一個較易閱讀的版本。）

選薦改編資料

The Bun. Written by Marcia Brown. Harcourt, 1972.（俄語版的故事
    裡，小圓麵包是由容器裏剩下來的麵粉作的。）

The Funny Little Woman. Written by Arlene Mosel. Dutton, 1972.（這
    個故事是根據一則日本的寓言故事：一個老婦人被糯米糰
    帶入了一個她夢想中的地下世界。）

Journey Cake, Ho! Retold by Ruth Sawyer and illustrated by Robert
    McCloskey. Viking, 1953.（美語版的小圓麵包的故事，是由
    一位知名的作家的和一位曾經得過獎的畫家，所合作而成

的。）

The Pancake. Written by Anita Lobel. Greenwillow, 1978.（這個故事
　　是以瑞典的版本爲依據。）

糖果屋

JAKOB AND WILHELM GRIMM

故事大意 ———— ⋀⋀⋀————

　　因為沒有足夠的食物了，兩個孩子被繼母和懦弱的父親遺棄在森林裡，兩個孩子看見一棟用蛋糕和糖果做成的房子，房子的主人抓到他們，原來她是個女巫，她逼葛莉特工作又把漢森關在籠子裡，她想要把兩個人都吃了，但葛莉特聰明地騙過女巫，救出她的兄弟，他們回到家後發現繼母已經死了，父親十分高興能再看到他們，有著從女巫那得來的財富，他們過著快樂的生活。

單人默劇活動

✿ 旁述默劇和單人默劇

- 你和漢森或葛莉特要找回家的路，你很累因為你三天都找不到東西可吃，忽然你注意到一隻漂亮的小鳥，你停下來聽牠唱歌，牠飛走於是你跟了過去，牠停在一間房子的屋頂，你走近一看發現房子是用薑餅、蛋糕和糖果做成的，你幾乎不敢相信自己的眼睛，只是剝下一點嚐嚐，味道真不錯，你開始滿手拿到嘴裡以填飽肚子。哇！終於有食物了！

- 妳是巫婆，雖然妳的眼睛不好但妳的鼻子很靈敏，妳知道有人接近妳的屋子了，當妳第一次嗅到漢森和葛莉特正接近妳的小木屋，妳可能會做什麼？妳接下來還會做什麼重要的事？當妳到前門的時候站著不動準備開門，但請一直保持不動直到每個小朋友都表演完。（也許他們不會全部都在同一時間靜止不動，之後，問孩子們什麼是重要的事。）

- 可憐的漢森被關在籠子裡，吃最好的食物，而葛莉特卻只能吃蝦殼，假裝你是正在吃東西的漢森或葛莉特，從你吃東西的的樣子我就可以知道你是誰。

- 當漢森在籠子裡被養肥的時間葛莉特卻必須工作，想出三件巫婆逼你做的事，當我數一、二、三的時候，做出這三件事。

- 妳是巫婆而且妳已經等了好幾個星期要吃漢森，但是他似乎還是跟以前一樣瘦，今天妳已經決定不論如何都要吃他，妳在廚房裡烤麵包要配著吃，但是請記得妳的視力不好，而且妳得扶著拐杖在廚房盡快地走，因為妳餓得等不及要吃那個可口的小孩。當我放音樂時，來看看妳怎麼做。

🏵 安靜活動

- 你是漢森或葛莉特，在森林裡走累了，你躺了下來，睡了整晚。

單獨應答活動

🏵 單獨應答

- 妳是巫婆，當妳發現小孩在吃妳的屋子時妳為什麼不報警？曾有其他人侵犯妳的財產嗎？妳對他們做了什麼？
- 你是漢森和葛莉特的老師，依你之見，他們是什麼樣的小孩？他們像學生嗎？他們最喜歡上什麼課？在家長座談會的時候，你和他們的父母又談了些什麼？你覺得他們的未來會如何？

成對及成組的默劇活動

旁述默劇

• 漢森和葛莉特試著要找出穿越森林的路，森林又糾結又滿是草叢，很難通行，樹枝似乎會威脅地伸向他們。你們一些人當樹，其他人當漢森和葛莉特，不可以碰到樹，讓大家看看這兩個小孩是如何通過樹林的？

建構空間

• 建造一個巫婆的家，你是特別被請來做這個工作的建築工人，你可能不能使用平常的工具，你如何能把房子組合起來，你又可能會用什麼不同形狀的蛋糕、餅乾和糖果呢？

靜止的畫面

• （六人、七人或八人一組）做兩個靜止的畫面，第一個是當漢森和葛莉特發現糖果屋時，屋子的樣子；第二個是糖果屋被他們倆咬了之後的樣子。

◈ 即興表演的默劇

- 巫婆親切地邀請漢森和葛莉特進屋，她拿了牛奶和加上糖的鬆餅、蘋果和花生請他們吃，漢森和葛莉特餓得沒注意到巫婆的舉止怪異，當他們倆沒看巫婆時，巫婆饞餓地看著他們，來看看這一幕的一些動作，當漢森和葛莉特吃完時，這一幕也就結束了。

- （一組六人）做一個巫婆的烤箱，要有門的，我會過來檢查看看開門的情況，我在想不知道烤箱裡有沒有其他東西。

成對或成組的應答活動

◈ 用聲音說故事

- 情景是漢森和葛莉特在森林裡迷路了，他們發現了巫婆的糖果屋，巫婆的突然出現，漢森和葛莉特被關起來，最後葛莉特贏了巫婆，漢森和葛莉特與父親團聚。

◈ 辯論

- 漢森和葛莉特的父親和繼母因為食物不夠而手吵，繼母想要把孩子扔在樹林裡，但是父親說還有其他方法可以解決，請分別列出他們兩人所持的理由。

- （四人一組）漢森和葛莉特的兩個朋友來找他們玩，漢森和葛莉特的父母找藉口說他們不在，但是他們的回答就是不對勁兒，這兩個小孩會問什麼問題呢？漢森和葛莉特的父母會如何讓這兩個孩子相信一切都沒事？

- 親戚們在爭論應該讓漢森和葛莉特回家或是去認養家庭，哪個方法較好？還有其他的方法嗎？

即興表演的景

- 一個很熱心的鄰居注意到巫婆的屋子附近有較多的動靜，當鄰居打電話來關心時，巫婆雖然友善但似乎不願透露任何訊息。鄰居會問什麼問題？而巫婆又會找什麼藉口呢？（你可以事先用腦力激盪的方式列出一些可能的問題。這個活動也可以以引導者的角色扮演來進行，你可以扮演鄰居，學生扮演巫婆。）

- 一個挨家挨戶拜訪的推銷員聽到屋子裡有很多烹煮的聲音，所以他想要賣給巫婆一些廚房用具，巫婆雖感興趣但須忙著烤麵包及她的特餐。以這種好用的器具及便宜的價錢，這位推銷員可以耽擱巫婆多久？（如果你使用小道具做為精巧的電器用品，那你會需要在這個活動中加入一些想像遊戲。）

- （成員包括漢森、葛莉特、父親，兩人演一角色）現在這個家庭有了珠寶了，他們變得既有錢又有名，雜誌記者來訪問他們關於現在和以前生活的差異。

專家

- 專家小組就是做薑餅屋的人。

口語表達

- 一群鄰居在討論他們已經好一陣子沒看到漢森和葛莉特的事，其中的小朋友注意到漢森和葛莉特沒去上學，這個討論會是如何？什麼樣的問題和訊息會出現在這個對話裡？

相關活動

- 做一份巫婆可能會用的食譜。
- 幫巫婆的屋子寫個房地產廣告，登在報上，你會想要指出什麼特色來吸引別人買巫婆的房子。
- 巫婆死後有一本日記在屋子裡被發現，裡面會記載些什麼？

- 幫巫婆和繼母各寫一份訃聞。
- 做個糖果屋的模型，很多簡易的和精緻的食譜都可以在節日雜誌上找到，既然是額外的活動，考慮用蛋糕、餅乾或糖果做些小傢俱，也可以選擇性用紙板做薑餅屋就好。

選薦繪本

Hansel and Gretel. Translated by Elizabeth Crawford and illustrated by Lisbeth Zwerger. Morrow, 1979.（在這版本中獨特的插圖，是運用很強的鄉土意象所描繪出來的。）

Hansel and Gretel. Retold by Ruth Belov Gross and illustrated by Winslow Pinney Pels. Scholastic, 1988.（有深度的插圖和多樣化的內容，豐富了整個故事。）

Hansel and Gretel. Illustrated by Susan Jeffers. Dial, 1980.（插圖中有一個看起來和善的巫婆。）

Hansel and Gretel. Retold by Rika Lesser and illustrated by Paul O. Zelinsky. Dodd, Mead, 1984.

Hansel and Gretel. Retold and illustrated by James Marshall. Dial, 1990.（這是一本重述後簡單和有點幽默的故事，故事中巫婆被熊攻擊。與尼爾遜小姐失蹤記的故事相似。）

Hansel and Gretel. Translated by Eleanor Quarrie and illustrated by Anthony Browne. Franklin Watts, 1982.（這個版本有著當代的背景。用都市的生活和不為人知的黑暗面，作為插圖。而在

這個插畫中後母和巫婆其實是同一個人。）

相關資料

"The Lost Ones" and "Juvenile Court." Written by Sara Henderson Hay.
　　From Story Hour. Doubleday, 1963.（第一段描述小孩被拋棄
　　到森林，第二段則是警察質問他們為何殺了那個巫婆。）

灰姑娘

CHARLES PERRAULT

故事大意

　　這個被廣為流傳的故事，已存在超過了一千年的歷史，而且在世界上有著數百個不同版本。灰姑娘，這麼被叫著，乃是因為她經常坐在煙囪角落的炭屑中，而她的繼母及姊姊們老是虐待她。在一位仙女教母的幫助之下，她穿上高貴優雅的服裝，遇見了王子並嫁給他。故事中，灰姑娘的堅定和善良，克服了繼母豎立在她前面的障礙，終於得到她所應得的幸福。

單人默劇活動

❀ 單人默劇

- 妳是灰姑娘，正穿著破爛的衣服，坐在煙囪角落的炭屑中。
  你異父異母的姐姐已出發去參加舞會，而妳因獨自被留下而
  覺得自己很可憐。妳的肢體及臉部要如何呈現妳的感覺呢？
  （低語）當我說，魔法變！假裝妳的仙女教母用她的魔杖點
  妳一下，妳身上就穿著夢想中最可愛的舞會禮服準備參加舞
  會。妳的身體及臉部如何演出妳現在的感覺？（提示）〔之
  後討論在每一個情境中，灰姑娘的心中可能會有什麼樣的想
  法。〕
- 妳認為灰姑娘的仙女教母可能來自何處？在現身之前她可能
  在做什麼？（短暫地討論一下。）現在，妳是灰姑娘的仙女
  教母。當妳獲知灰姑娘需要幫忙時，想出三樣妳可能正在做
  的事情。當我數到三的時候，一樣一樣地演出妳正在做的三
  件事。

❀ 慢及快動作默劇

- 當灰姑娘整天忙著煮飯、打掃及搓洗時，她異父異母的姐姐

卻過著享受的生活。當我播放輕快的音樂時，妳將是灰姑娘，做著妳的家庭雜務；當播放慢節奏的音樂時，妳將是其中一位異父異母的姐姐，並過著與灰姑娘非常不同生活。（在快及慢節奏音樂中來回更動數次。使用兩種不同的音樂選擇或者用一種音樂而改變其速度。）

- 灰姑娘擔心她的繼母及異父異母的姐姐發現她留下的玻璃鞋，所以打算把它藏起來。假裝妳是灰姑娘，想要找一個妳所能找到的最佳藏匿之處，但妳藏了三次才找到妳認為最妥善的地方。當音樂播放而我數到三時，把妳的玻璃鞋藏起來。（之後妳變成灰姑娘最要好的朋友，並低聲問她說她成功了沒？以及她願不願意與妳分享她的秘密？）

單人應答活動

單獨應答

- （學生們演灰姑娘的父親，而你假裝是一位有興趣的旁觀者或鄰居，並且問了一些下列的問題。）先生，我們知道你最近再婚了。你曉不曉得你女兒與她的新繼母和異父異母的姐姐相處得如何？你有什麼證據來支持你的那些說法？以你的情況一定很難不表現出偏袒某一方，你如何處理這件事？我注意到你女兒似乎這幾天來都穿樸素的衣服，與你的新妻子和她女兒相較來看，是比較不正式的。有什麼理由可以解釋這樣的情況嗎？

- 妳是灰姑娘，妳想要參加舞會。當妳的教母出現，並問妳有什麼事的時候，向她解釋妳為何如此悶悶不樂的原因。妳會說什麼來說服她幫助妳？（妳可以以教母的身分回覆，雖然妳不該太快答應灰姑娘的心願。也許這是妳做過最艱難的一項工作而妳不確定是否能處理它。）

- 仙女教母請灰姑娘到花園去找一粒南瓜。假設灰姑娘只能找到一個茄子（胡瓜、甘藍菜、小蘿蔔）。妳，身為仙女教母的妳，會把它變成什麼？讓我們聽聽妳將會使用的魔咒。（妳可以以灰姑娘或某人的身分回覆，那個人對魔法有特別的興趣。順便參考「即興表演的景」所附的活動。）

雙人及小組默劇活動

鏡子活動

- （雙人一組）異父異母的姐姐們擁有可以照出全身的鏡子，以便她們可以從頭到腳觀看自己。妳作為其中一位異父異母的姐姐，為了準備參加舞會在鏡前做最後打量。藉著妳調整每樣東西的方式和注意小細節的樣子，來讓我們猜猜看妳穿著什麼衣服？

- 現在讓我們演出（八人一組）兩位異父異母的姐姐已爲舞會做好準備，繼母及灰姑娘在鏡前從旁協助的情形。

轉化

- （八人一組）塑造那有名的南瓜。在數到十的時候，慢慢轉化成灰姑娘美麗的鍍金馬車。

建構空間

- 建構灰姑娘一天裡大部分時間所待的廚房。
- 建構異父異母姐姐們的房間（或王子在皇宮的住處）與廚房相對照。
- 建構一個適合仙女教母住的房間。想想看仙女教母的屋子會有的傢俱種類，以及她工作上會需要的物品。也想想看當她不再爲其他人施法術時，她的生活會像什麼？

數數／停格默劇

- 表演一項灰姑娘做的家庭雜務讓我們猜。
- 你是被邀請去參加王子舞會的某個人。穿上一件衣服或以某種方式美化你自己，使你自己爲這樣一個盛大的場合做好準備。我們會猜你正在做什麼，或你可能是什麼樣的人？

✿ 靜止的畫面

- （三人一組）表演出繼母和異父異母的姐姐們都已為舞會做好準備；下一步，表演出當王子進入跳舞的大廳時她們看起來的樣子；最後，表演出當王子整夜與灰姑娘跳舞沒有注意到她們時她們看起來的樣子。
- （八人一組）演出當灰姑娘在午夜匆匆離開時，舞會當時的景況。客人們會有什麼不同的反應呢？
- （五人一組）建構異父異母的姐姐們試穿玻璃鞋時的景況。

雙人及小組應答活動

✿ 訪談小組

- （組成一個仙女教母小組）可能被問到的問題有：什麼是教母？妳來自何方？妳如何成為灰姑娘的仙女教母？妳如何知道她需要妳的幫忙？妳是其他人的教母嗎？每一個人都有一位教母嗎？妳的法術來自何方？為何咒語只維持到午夜？妳還能施什麼其他的法術？
- （組成一個老鼠或蜥蜴的小組，讓孩子們選擇他們想當的動物）可能被問到的問題有：你對舞會有什麼看法？當灰姑娘在皇宮裡的時候你在做什麼？如果你們能夠變成人類，那將會是什麼感覺？對於你實際上是一隻動物的事實，會使你有任何困難變成人嗎？對於這次經驗你有留下任何紀念品嗎？你現在的身分有讓你比較快樂嗎？或者你想要保持另一個外形？（觀眾們可當動物們的家人，在他們回來的時候詢問他們。）

- （組成一個有各種鎮民及／或居住在皇宮居民的小組；你可能要讓小朋友們為他們自己設計更多特別的角色。）可能被問到的問題有：你對舞會的印象如何？描述出會場中音樂、裝飾及食物的特色。你看到神秘的公主了嗎？妳認為她怎樣？你遇到的一些人是誰呢？如果在數年之後你只記得有關這事件的其中一項，你覺得那件值得回憶的事是什麼？（觀眾們可當報紙的社會版記者。）

🏵 辯論

- 國王想要舉辦一場舞會，使王子可以與王國中合適的年輕女孩會面。皇后認為舞會太浪費了，因而主張舉辦花費較少的宴會，或許是一場花園茶會。我們已知道誰勝了這場辯論。我們想知道的是國王如何能夠說服皇后認同他的觀點。
- 有一隻老鼠不願意變成一匹馬。牠的理由是什麼？請仙女教母用說服的方式，讓牠合作，而不是魔法。當時間到了的時候牠會被說服嗎？
- 既然老鼠已經被變成馬車伕，並有機會看看人類外面世界是怎樣的情形，牠不想變回一隻老鼠。仙女教母不確定永久的改變是不是最好的。請每個人發表他（她）的意見之後，作成最後的決定。

口語表達

- 異父異母的姐姐們試了衣櫥裡所有的衣物，但仍然不能決定她們要穿什麼參加舞會。她們變得神經緊張，並為最瑣碎的小事爭吵。讓我們聽聽這場爭執中的一小段。（搖鈴作為開始及結束這些對話。）
- （把全班分成數個小組）你們是舞會中的客人。當我呼叫你的小組號碼時，讓我們聽聽你們之間的宴會式對白。

即興表演的景

- （把全班分成三人一組的小組）當灰姑娘異父異母的姐姐們自舞會回來時，灰姑娘迎接她們並假裝在她們出去的時候睡著了。姐姐們回答她有關舞會中發生的事情，並不知道她就是那位神秘的公主。在聽到她們的話之後灰姑娘心中竊喜。當繼母（你當引導者）說睡覺時間到了的時候此景結束。
- 如果仙女教母不是把南瓜變成馬車，而是把茄子變成摩托車（胡蘿蔔變成太空船、小蘿蔔變成熱氣球），故事會變成怎樣呢？從此刻到結尾把故事演出來。（一組五人）
- 玻璃鞋現正搶手。一組三人，設計一個電視廣告宣傳各種尺寸及形狀的玻璃鞋。（每一組應該表演出廣告客戶會運用的一個說服策略：時尚方法、獎品、調查等等。）

- 灰姑娘現正住在皇宮裡，但她一直仰賴仙女教母的幫助來做她王室的工作。仙女教母如何能幫助灰姑娘看清她能夠解決自己的問題呢？（兩人一組做此練習，或者一組三人包括王子。）

- （把全班分成五人一組的小組）設計一個即興創作演出，既然灰姑娘已不再需要仙女教母，她仍繼續幫助其他需要幫助的人。

引導者的角色扮演

- （假裝你是一個想要有個仙女教母的人）灰姑娘的仙女教母真的為她做了許多好事。我想知道一個人如何得到一位仙女教母？你能幫我得到一位嗎？（你嘗試孩子們給你的建議，「說著具有魔法的話，揮動魔杖」，但毫無成效。如果有人建議登廣告，你可能會寫一篇合適的廣告。有時候孩子們可當你的仙女教母，如此可隨後安排一場面試來見見那些想求得這份工作的人。孩子們可雙雙結伴來參加面試。）討論問題：仙女教母做些什麼工作？我們有多需要仙女教母？如果仙女教母供不應求時，別人能替她做什麼工作呢？

- （你是灰姑娘的繼母）我有一個問題想和你們討論，而且我認為你們是唯一能幫助我的人。你們知道，我有一個繼女有編造故事的傾向，謠言已廣為流傳，並使大家對我們產生了壞印象。她告訴你們有關我和她異父異母姐姐的什麼事了嗎？（試著為孩子們解釋他們腦中的壞印象。）我也做家事啊。大家都必須動手做。沒有人強迫灰姑娘坐在那些灰燼中。她也可以去參加舞會但她告訴我她太累而不想去。（你也可以找個藉口離開小組──我今天有客人要來喝茶，並讓他們自行繼續討論。你稍後回來了解他們對繼母所下的結論。）討論問題：誰在說實話？事情總是如它們看起來的那樣嗎？

- （你是皇室的使者）我有一封來自灰姑娘的信要給你們。它寫道：「親愛的朋友們，既然我已成為王妃，我覺得我的外號灰姑娘實在不大恰當。你們可以建議什麼新名字充分反映我現在所有的皇家身分呢？謝謝你的幫忙。皇家王妃，仙度瑞拉，感謝你的協助。」

相關活動

- 寫出王子舞會的邀請函。上面說什麼？它看起來怎樣？
- 王子差人將玻璃鞋放在皇家博物館供人觀賞。請你為這樣的歷史文物寫一篇描述／說明。
- 寫一篇有關尋找神秘失蹤公主的公告。
- 異父異母的姐姐們寫了一封道歉信給灰姑娘，要求她寬恕她們以前對待她的方式。寫出灰姑娘的回覆。
- 灰姑娘在她的日記中寫下關於她生活中的改變。她會寫下任何的改變嗎？如果她依然是原來的灰姑娘，她如何應付她的新生活？

- 學生們能找到多少灰姑娘故事的不同版本？列出每個不同版本的相異之處。

選薦繪本

Cinderella; or The Glass Slipper. Translated from Charles Perrault and illustrated by Marcia Brown. Scribner's, 1954.（這個得考德卡特獎的插畫是由線條、顏料和粉彩的色調所組成的。）

Cinderella. Retold by Amy Ehrlich and illustrated by Susan Jeffers. Dial, 1985.（這本書是以一幅栩栩如生的灰姑娘畫像爲封面。）

Cinderella. Retold and illustrated by Paul Galdone. McGraw-Hill,1978.（這位插畫家的作品充滿了活力，但卻缺少了些浪漫的色彩。）

Cinderella. Illustrated by Nonny Hogrogian. Greenwillow, 1981.（葛林姆的插畫，用鴿子和具魔法的榛樹取代了仙女教母的角色。）

Cinderella. Retold by Barbara Karlin and illustrated by James Marshall. Little, Brown, 1989.（馬修卡通式的插畫戲謔的呈現出整個故事，最後仙女教母也加入了在這個城堡中的大家庭。）

相關資料

"Cinderella." Written by Roald Dahl. from Roald Dahl's Revolting Rhymes. Knopf, 1983.（這是一個包含砍頭的畫面，而令人毛骨悚然的改寫版。）

"Interview." Written by Sara Henderson Hay. From Story Hour. Doubleday, 1963.（灰姑娘的繼母，對外界散佈謠言，說他前夫的女兒仙度拉，在成爲年度玻璃鞋公主之後，她的所作所爲都是騙人的。）

The Paper Bag Princess. Written by Robert Munsch. Annick, 1980.（這個故事中，聰明的公主把王子從惡龍手中救出，但在她知道王子是一個忘恩負義的人之後，就拒絕了他。）

Petronella. Written by Jay Williams. Parents Magazine Press, 1973.（See also: "Petronella." Written by Jay Williams. In A Storybook from Tomi Ungerer. Tomi Ungerer, ed. Franklin Watts, 1974.）（這個王子並不值得勇敢的公主把他救出來，那個忘恩負義的傢伙甚至還說綁匪很有趣呢！）

Prince Cinders. Written by Babette Cole. Putnam, 1988.（仙女把矮小又瘦弱的王子改頭換面，讓他重返舞會。年紀較大的學生會比較喜歡這樣的故事情節。）

傑克與豌豆

JOSEPH JACOBS

故事大意 ————

　　傑克用家裡的母牛換了一些叫魔豆的東西,當魔豆長
成又高又長的豆莖,傑克好奇地爬了上去。他在上面發現
一個巨人的城堡,此時傑克趁著巨人睡覺時,把他裝著金
子的袋子、一隻會下金蛋的母雞,還有一架會唱歌的豎琴
偷走。當傑克要爬下豆莖時,巨人在後面追他,傑克一到
地面就急忙砍斷豆莖,巨人摔死了,傑克和他母親就一起
共享得來的財富。

單人默劇活動

單人默劇

- 你是傑克，你在巨人的城堡裡，他的太太告訴你要躲起來，當我數到三，找三個你可以躲起來的地方，前兩個地方你不太喜歡，第三個將會是最好的藏匿地點，你要躲在那裡直到我說你可以出來為止。
- 你是傑克，你在巨人的城堡裡，巨人的太太習慣煮分量很多的大餐給巨人吃，她給了你一大盤的食物吃，你會怎樣吃分量這麼多的食物？你又會如何使用這組餐具呢？讓我們從你吃的樣子知道你在吃什麼東西。

快動作默劇

- 你是傑克，你正從豌豆莖上下來，巨人緊跟在後，當你到地面時卻發現你找不到斧頭砍豌豆莖，最後總算在緊要關頭找到斧頭並且砍了豌豆莖，當我放音樂時，用快動作做一次。

✿ 旁述默劇

- 你是那隻會下金蛋的母雞，你正在你的巢上坐好準備下第一顆蛋，你下了一個蛋後起來一看——天呀！是金蛋！你好高興，你一定很特別，你發現自己有這項能力時會有什麼反應（不能說話）？坐回你的巢休息，你需要用所有的力氣來當這麼一隻特別的母雞。

單獨應答活動

✿ 單獨應答

- 你是下金蛋的母雞，你剛下了你的第一顆蛋，讓我們聽聽你興奮的叫聲，誰會告訴你金蛋的事，你又打算怎麼處理金蛋呢？你又會想出什麼特別的方法去保護金蛋呢？
- 你是那架會唱歌的豎琴，想想看你的歌聲會是如何？然後用那樣的歌聲告訴我們：你從哪兒來？你怎麼會變成這麼特別的豎琴？你還有其他家人嗎？你覺得你現在的主人，也就是巨人，待你如何呢？他是怎樣的主人？你可以告訴我們什麼祕密？
- 妳是傑克的媽媽，妳認為傑克拿家裡的母牛跟人交換魔豆好嗎？現在妳家窗外的豌豆莖好大，妳還認為魔豆沒用嗎？

音效

- 當巨人打鼾時，整個屋子都會震動，人打鼾有很多方式，每一種都不一樣，你的鼾聲又是如何？（問問看有沒有人自願表演打鼾的動作）我們先試著安靜地打鼾。
- 鼾聲會震動整個屋子，也會讓巨人的身體搖動；來看看不出聲的打鼾。你還是得看分貝指示器，不過這次它只會顯出聲音的強度而不是音量。

想像遊戲

- 拿些道具給學生看，然後問學生：「巨人會拿這些東西來做什麼？」學生得記住道具和巨人的比例？這些東西對巨人的用途一定和對我們的用途不一樣。

成對和成組的默劇活動

靜止的畫面

- （五人一組）做出巨人跌下豌豆莖之後的場景，畫面裡還有誰？

建構空間

- 做出傑克和他母親居住的屋子，你得把舊傢俱搬出去然後搬進他們富有之後所買的傢俱。

旁述默劇

- 兩個人搬巨人的頭，另外兩個人搬巨人的腳，合力把他搬出城外，這些人得隨時離巨人六呎遠，並且小心對待巨人的身體。

成對和成組的應答活動

音效默劇搭配

- 傑克用斧頭砍下豌豆莖。
- 巨人的太太在揉用人骨做成的麵糰。
- 巨人吃了一頓大餐（從湯到甜點的每一樣）。
- 當巨人嗅到了一個英國人的血，他要找出躲在他城堡裡的人。
- 巨人數著金幣然後睡著發出鼾聲。
- 豎琴自彈自唱搖籃曲。

❀ 引導者的角色扮演

- （你當巨人的太太）現在巨人、我的家，甚至豌豆莖都沒了，我沒地方可去，我想要找份工作賺錢養自己，但是我可以找什麼工作呢？幫我想想適合我的工作，我曾是巨人的太太，我想應該會有一些有趣的工作是我可以勝任的，不是嗎？
- （你當市長）各位議員們，傑克發現還剩下一顆豌豆，他把它交給了我，然而這顆豌豆和先前長成豌豆莖的豌豆不一樣，我們必須決定如何處理這顆豌豆，我希望你們分組討論，把處理豌豆的方法和這些方法可能導致的結果都列出一張表來，我有公文要趕，一會兒會回來聽你們的意見。

❀ 訪談

- （組成一組陪審團詢問巨人的太太）妳為什麼要幫著傑克躲巨人？妳跟巨人是如何相遇的？婚後的日子過得如何？巨人死了之後，妳發生了什麼事？
- （組成一組陪審團詢問帶魔豆的陌生人）這些魔豆是從哪兒來的？你怎麼會知道傑克的名字？你怎麼會要一隻無乳的母牛？你怎麼不自己種魔豆？你有沒有再去看傑克和他的母親？你知道傑克會發現巨人的城堡嗎？
- （組成一組陪審團詢問巨人）你從哪裡拿到金子、豎琴還有下金蛋的母雞？你的城堡為什麼會高聳入雲？除了用爬的，還能用什麼方式到城堡？你為什麼要吃小男孩？你也吃小女孩嗎？

🏵 辯論

- 一半的學生是這座城市的公民，他們寫下對豌豆莖的抱怨，並且要求官員要把它移走；另一半學生當官員，向民眾解釋問題不好解決的原因。這兩邊會達成什麼協議？（你當調停的市長，立場中立，但是希望兩邊都滿意。）
- 巨人的太太、她那失去父親的孩子還有巨人的僕人，要求傑克為殺了巨人而受罰，三個人代表傑克的媽媽、帶魔豆和傑克換母牛的人還有豎琴，全班同學會問問題，然後決定是否有足夠的證據審判傑克（如果學生決定要開庭，你也要讓學生模擬審判）。

🏵 即興表演的景

- 某天早上傑克的鄰居往窗外一看，看到巨大的豆莖，鄰居們的對話會是怎樣呢？（最好是四人一組）
- 下金蛋的母雞告訴另一隻母雞金蛋的事，這隻母雞很難相信她的話，母雞之間的對話應該是怎樣？
- 巨人的太太要說服丈夫屋裡並沒有英國人的血味，她會說什麼？巨人又會回應什麼？
- 傑克要說服巨人的太太讓他進去城堡吃東西，巨人的太太因為之前發生在其他男孩身上的事猶豫了，傑克如何說服巨人的太太讓他進去呢？

相關活動

- 請為巨人作首歌曲，最好作一首不那麼暴力的，讓我們會因此比較喜歡巨人，並會為他的死而感到難過。
- 種些豆子，觀察它們的成長情形。
- 列出一張巨人和他太太一星期需要採購的東西，並且替他們做晚餐食譜。
- 傑克的一個鄰居寫了封信，詳細描述了巨人掉在他家屋子上所造成的損失，鄰居認為傑克應該負責，傑克請了律師回信，信上會怎麼說？

選薦繪本

Jack and the Beanstalk. Retold and illustrated by Lorinda Bryan Cauley. Putnam, 1983.（用油彩畫出的巨人，有著紅潤的臉頰，像活生生的木雕般，手上還綁著佈滿釘子的護腕。）

Jack and the Beanstalk. Retold and illustrated by John Howe. Little, Brown, 1989.（色彩豐富的圖畫，使得整個故事充滿了活力。）

Jack and the Beanstalk. Retold and illustrated by Steven Kellogg. Morrow, 1991.（這位非常受歡迎的作家和插畫家，替這個傳統的故事增添了不少新的風貌。）

Jack and the Beanstalk. Retold by Susan Pearson and illustrated by James Warhola. Simon & Schuster, 1989.（這是另一部不錯的譯作。）

相關資料

"Jack and the Beanstalk." Written by Roald Dahl. From Roald Dahl's Revolting Rhymes. Knopf, 1983.（故事中巨人聞到英國人的味道是因為傑克滿身體味需要洗個澡。）

Jack the Giant Killer. Written by Beatrice Schenk de Regniers and illustrated by Anne Wilsdorf. Atheneum,1987.（這首重述後的活潑現代詩有著卡通造型的插畫。）

Jack and the Wonder Beans. Written by James Still and illustrated by Margot Tomes. Putnam, 1977. Written and illustrated by Gail E. Haley. Crown, 1986.（在這個命名為傑克和魔豆樹的阿帕拉契人版本中，有著濃厚的地方色彩和語言。）

Jim and the Beanstalk. Written by Raymond Briggs. Addison-Wesley, 1970.（在這現代版的故事中，巨人越來越老了，他拜託吉姆幫他拿眼鏡、假牙和一頂紅假髮。）

"Story Hour." Written by Sara Henderson Hay. From Story Hour. Doubleday, 1963.（作者提出，是否有人因為巨人被殺而覺得難過。）

磨坊主人的女兒

JAKOB AND WILHELM GRIMM

故事大意

　　一個磨坊主人告訴國王說他的女兒可以把稻草織成黃金，靠著小矮人的幫忙，磨坊主人的女兒真的把稻草織成黃金了，不過她也答應要把自己的第一個孩子給他，國王很高興地娶了磨坊主人的女兒，小矮人去找王后要報酬，她勸小矮人不要帶走她的孩子，小矮人同意，不過有個條件：王后必須猜出他的名字，當王后猜出他的名字時，他很驚訝，他憤怒地離開，此後再也沒出現。

單人默劇活動

🌸 單人默劇

- 你是國王的一個手下，帶著成綑的稻草進入一個大房間堆放。稻草很重，但你得小心處理，而且不能弄丟任何一根，因為這些稻草不久都會被織成黃金。當我數到五時，堆五綑稻草出來。
- 你是魯普斯金，你深信王后永遠猜不出你的名字，因此你認為你會得到她的孩子。當我放音樂時，跳點你平常興奮的時候會跳的舞（任何妖精的音樂都行）。
- 你是魯普斯金，當王后猜出你的名字後，你火冒三丈非常生氣，當我數到十，你不出聲，心中慢慢地燃起了怒火，然後……（讓學生選擇結局：冒一團煙後消失了，在地板上跺腳，或者裂成兩半）。

🌸 旁述默劇

- 妳是磨坊主人的女兒，妳坐在一間滿是稻草的房間，有人命令妳把稻草織成黃金，可是妳沒辦法做到；此時一切是那麼無奈，於是妳開始哭。忽然妳聽到驚人的聲音，妳抬頭一看，看到一個很奇怪的小精靈，然後妳才擦乾眼淚。
- 王后派你去查出國境內所有奇怪的名字，你騎馬穿越了樹林後看到一座山，不遠處你看到一間小房子，屋前有一團火，有個小精靈單腳繞著火並且唱著歌，你拉緊韁繩下了馬，儘量靠近小精靈而不被發現。接下來你會做什麼？

單獨應答活動

🌸 單獨應答

- 妳是磨坊主人的女兒，父親命令妳把稻草織成黃金，而妳知道稻草是不可能織成黃金的，為什麼妳會讓妳的父親對妳提出這個要求呢？
- 妳是磨坊主人的女兒，妳已成了王后，妳怎麼能嫁給像國王這樣糟的男子？他不就是因為妳能幫他生金子他才娶妳的嗎？他不也曾威脅過妳，如果妳不能把稻草織成黃金就要殺了妳嗎？妳跟這樣一個男人在一起怎麼會快樂？
- 魯普斯金，你為何會想要王后的孩子呢？她要給你金銀珠寶，為什麼你不要？你是個高尚的人，你當然不會傷害孩子，但是擁有這個孩子對你來說又有什麼意義呢？
- 你是王后派遣出去找名字的使者，說說你在樹林裡看到的奇怪景象，別遺漏任何細節。

- 你是磨坊主人，在你說有關你女兒的這一段故事中，這個與眾不同的女兒還會做什麼事？

成對和成組的默劇活動

機械式的動作

- （四人一組）假裝你們是可以把稻草織成黃金的紡車，當紡織歌響起，讓我們看看你們怎麼紡織。

數數／停格默劇

- 照顧嬰兒得注意很多事，做出一件事讓我們猜。
- 魯普斯金給王后三天的時間去猜他的名字，猜猜看，魯普斯金在這等待的三天裡做了些什麼？做出動作讓大家猜。

拼字默劇

- 想出一些奇怪的名字，拼出來，用一個你們那一組同意的方式歸類（例如：職業或帶有動作意味的字）（以字數做區別，這樣才不會有重複的字出現）。

建構空間

• 做一個魯普斯金的小屋，小屋裡會有什麼？你覺得他為快要到手的嬰兒做了準備嗎？屋裡有沒有神奇的東西？

成對和成組的應答活動

即興表演的景

• （兩人一組）演出磨坊主人和國王初見面的情形，並引出磨坊主人宣稱自己的女兒可以將稻草織成黃金，及磨坊主人去拜見國王的目的。

• 磨坊主人已告訴國王，他的女兒能把稻草織成黃金，現在他又怕自己有點吹牛過頭，他會怎麼告訴自己的女兒他所做的事？他的女兒又會有什麼樣的反應？

引導者的角色扮演

• （你當王后）我急切地想知道所有奇特的名字，這是唯一可以保有我孩子的方法，幫我列一張名單出來好嗎？把你們能想到的所有奇怪的名字都寫在上面。

- （你當魯普斯金的手下）魯普斯金的好朋友們，我知道你們很替我的主人高興，我相信他很快就能得到嬰兒了，所以我邀請各位來參加受洗典禮，現在我們已經準備好要看各位帶來送給嬰兒的禮物，請告訴在場的朋友您的大名還有您帶來的禮物。

- （你念一封魯普斯金寫的信）

  親愛的朋友們：

  我很快就能有個嬰兒可以讓我照顧了，你們可以列一張單子幫我寫上需要替嬰兒準備的東西嗎？請你們也順便列一張「照顧嬰兒須知」。

  謝謝你們！

  你們的朋友　魯普斯金

  P.S.：把你們寫的紙條留在窗臺

  （上述的活動須被分成兩部分，或者是班上一半學生以小組的型態列第一張表，剩下的學生做第二張表。）

專家意見

- （專家知道所有把稻草織成黃金的事情）可能被問到的問題：

  你怎麼把稻草織成黃金？你怎麼學會的？哪一種稻草最好用？你可以把黃金織成稻草嗎？

🌸 辯論

- 王后試著要說服魯普斯金，不要履行當初那個可怕的協議，她如何讓魯普斯金改變主意呢？她要給魯普斯金其他的東西，但是他不為所動，有沒有一個動人的提議能讓他無法拒絕呢？

- 王后已經答應魯普斯金，但是她不想履行承諾，魯普斯金堅持她得信守承諾（兩到三倍的自願者，擔任這兩個角色）。其他的人當國民，你們被要求找出讓雙方滿意的解決辦法，你們可以問王后和魯普斯金任何問題。（之後，將全班分成幾個小組以腦力激盪的方式找出解決的辦法；讓皇后及普魯斯金隨時在旁供小組諮詢。並由各組報告他們的解決方案。並看看皇后及普魯斯金是否能接受建議的方案。）

🌸 相關活動

- 你是報紙的專欄作家，你被要求預測貪心的國王和磨坊主人女兒的婚姻，寫出你的預測並大聲唸出來。

- 查查一些名字和名字的意義，你有沒有發現什麼矛盾的地方？你的名字代表什麼意思？對於自己名字的意義你有什麼感覺？你會想為自己取一個什麼不一樣的名字嗎？魯普斯金這個名字背後有什麼意義？

- 幫魯普斯金寫邀請函給來參加受洗典禮的朋友，然後寫封感謝函謝謝別人送的禮物。

選薦繪本

Rumpelstiltskin. Retold and illustrated by Donna Diamond. Holiday, 1983.（黑白的插畫是用鉛筆細細描繪出來的。）

Rumpelstiltskin. Retold and illustrated by Paul Galdone. Houghton Mifflin/Clarion, 1985.（色彩鮮豔的水彩畫，充分的表現出故事人物的特質。）

Rumpelstiltskin. Retold by Alison Sage and illustrated by Gennady Spirin. Dial, 1991.（細緻描繪的插圖充滿了文藝復興時代的風格。）

Rumpelstiltskin. Written by Edith H. Tarcov and illustrated by Edward Gorey. Scholastic, 1973.（插畫家用黑色線條描繪出故事所發生的古老年代風貌。）

Rumpelstiltskin. Retold and illustrated by Paul O. Zelinsky. Dutton, 1986.（本書的精美插畫曾獲得考德卡特獎。）

選薦改編資料

Tom Tit Tot. Written by Joseph Jacobs. Retold and illustrated by Evaline Ness. Scribner's, 1965.（女孩的母親告訴國王說她一天可以織出五匹布，於是國王就娶了這個女孩，女孩和惡

魔作了協定，使她擁有這種魔力，最後藉著猜出惡魔的名字，女孩終於獲救，但她不知道這個惡魔到底是何方神聖。）

Duffy and the Devil. Retold by Harve Zemach and illustrated by Margot Zemach. Farrar, Straus and Giroux, 1973.（一個懶惰的女僕，為了使自己擁有編織的能力，和惡魔打交道。女僕的主人——一個老地主，非常滿意她的工作，所以就娶了她。後來在女管家的幫助下，女僕發現了惡魔的名字，在這段精彩的過程中，老地主的衣服不見了。）

青蛙王子

JAKOB AND WILHELM GRIMM

故事大意 ———— ᐯᐯᐯ

　　一個被寵壞的公主和一隻青蛙做了一個交易,如果牠找出她在井底的金球,她將准許青蛙陪伴她,享用她的佳餚及用她的金杯喝東西。公主並不知道這隻青蛙事實上是受巫婆詛咒的一位王子,需要公主的仁慈以解除咒語。但當公主一拿到她的球就一溜煙跑到宮殿裡去。當青蛙出現在宮殿裡提醒公主交易的事時,國王命令她遵守承諾,她只好不甘願地遵守了。咒語終於被解除了(有許多方式,視版本而定),而青蛙變成王子,並把公主帶回他的王國成為他的新娘。

單人默劇活動

旁述默劇

- 你扮演公主，把玩你最喜愛的玩具——金球。你將它拋到空中再把它抓住，一次又一次。高呼一聲，你把金球弄掉了！快試著要攫取它！沒接到！它掉到井裡去了！你試著在深水中找它，但它就此消失了。太可惜了。它不僅美麗而且還很貴重。你坐在井邊。把你心中的感覺表達出來。當我數到三的時候，演出你下一步可能怎樣做。

- 你扮演青蛙，獨自長途跋涉來到這個地方，找到公主，並與公主進行交易。就這樣花了你一整天的時間，而你也感到筋疲力盡。現在你到達一個大理石階梯，而你必須攀爬上去。演出你如何設法做這件事。（你也許可以讓學生由地面開始，當他們爬到最高的階梯時，學生可以坐回自己的座位。當所有的學生都坐好後才說出接下來的最後一句指令。）別忘了你必須敲門，因為你已到達最頂端。

- 你扮演公主。你的父親命令你遵守對青蛙的承諾，而青蛙要求到你房間陪伴你。你用兩隻手指頭將牠拾起，並帶到你的房間。用你的臉部表情及你握牠的方式演出你有多厭惡牠。當你走到你的房間時，將牠放在一個角落使你不再看到牠。

你還可以做什麼來將牠藏起來？（評論你所看到的學生默劇動作，或在表演後與學生討論他們的點子。）

轉化及慢動作默劇

- 你扮演青蛙。公主將你丟到牆上後，你居然變成一位王子。在數到十以內做此慢動作。

單人應答活動

單獨應答

- 你扮演青蛙，且剛取回公主的金球。她跑回宮殿卻沒有將你帶在身邊。用你的呱呱聲呼喚她，一次又一次。讓我們聽聽你對她說什麼。

訪談

- 你扮演國王。當青蛙出現在宮殿門口的那一晚，你真的認為你的女兒應該信守承諾嗎？你會覺得尷尬嗎？或者你覺得需要在百姓之前展現你的權力？告訴我們你真正的感覺。
- 你是把王子變成青蛙的巫婆。你為何要這樣做？他曾經對你做過什麼嗎？

• 你是朝臣，當青蛙來到宮殿時你也在場。從你的觀點看來，國王對於他女兒與青蛙成為朋友這件事是否小題大作？解釋你的回答。

• 你是公主，嫁給了青蛙王子。我們聽說他覺得適應人類生活有點困難，並覺得需要重回以前的一些生活方式。他做了什麼使你的生活變得難以度日？

• 你是王子，你習慣了曾經當青蛙的生活。我們了解到你對現今的生活並不感到滿意。再度成為人類後，你面臨最嚴重的問題是什麼？

說故事

• 你是青蛙。你說有一個邪惡的巫婆把你變成現在的樣子，而你事實上是一位王子。那似乎令人不大能相信。你能夠詳細的解釋它怎麼及為何發生的？

雙人及小組默劇活動

即興表演的默劇

• 青蛙與公主一起吃著金盤子上的晚餐。青蛙盡情地享受牠的食物，但公主對於實現她的交易承諾顯得面有難色。讓我們看看這場景，當青蛙吃飽時落幕。

建構空間

- 假設青蛙在變成王子之前在宮殿裡待了幾個禮拜。在這段時間，青蛙希望在生活料理方面為牠做一些調整。為牠設計一間房間，在裡面布置牠可能覺得必須及值得擁有的東西。

數數／停格默劇

- （雙人一組做此練習。）青蛙想要跟公主玩遊戲。除了丟球及接球外，用動作演出他們可能玩的一些其他遊戲。記得他們體型上的差異並做必要的調整。（例如：他們可能會玩蹺蹺板，但青蛙將必須在牠那一端加上額外的重量。牠會使用什麼？）

雙人及小組應答活動

即興表演的景

- 國王質問公主為什麼在應門後整個人就變得悶悶不樂。國王想知道誰在門口。公主試著不要說出青蛙的故事，但必須給她父親一個答覆好滿足他。她將說什麼？他會相信她嗎？

- 青蛙想請公主帶牠到宮殿裡到處看看，她答應牠的要求只因如果她不從的話，青蛙便威脅要告訴她父親。讓我們稍微看看這場景，公主試著草草結束巡視，但青蛙卻要看遍每個角落。它還問了很多問題。

辯論

- 國王及皇后正為了公主是否應該信守諾言而爭論著。國王認為身為公主應該表現模範行為，但皇后認為她還太年輕不應該加諸如此不合理的要求。

專家

- 青蛙在王宮裡非常快樂，但想看起來更像人類一點。牠認為衣服是解決之道。一群服裝設計師們被傳喚到宮殿來，由國王的顧問詢問他們如何為青蛙置裝，以及置裝費的問題。
- 國王及皇后擔心公主可能會由青蛙那裡傳染到疣。他們已傳喚一些對疣有研究的專家入宮，並在萬一需要時提供任何有效的建議。此時，國王及皇后將提出問題。

相關活動

- 青蛙在皇宮裡過得正快活時接到了一封信。那是來自井裡的朋友們，牠們也想住在皇宮裡。信裡面說些什麼呢？
- 青蛙回覆牠朋友們的信。牠會鼓舞朋友們加入牠的生活，還是會告訴牠們令人灰心的回答？請幫牠寫這封信。
- 設計並概略敘述出專家遊戲中所建議的青蛙衣著。設計一個服裝目錄並加以描述及定價。
- 還有什麼故事裡有青蛙或蟾蜍呢？列出兩張個別的表，區別出會說話及不會說話的動物。
- 在原來的故事中，公主只把青蛙丟到牆上就變成一位王子。在其他版本中，牠是在公主答應嫁給牠或牠睡在公主的枕頭上三個晚上才變成王子。將故事的結局改寫，並包含一個打破咒語的不同方式。
- 公主對這隻曾經幫過她的青蛙並不禮貌。很明顯的她需要一些幫助使她舉止得宜。為公主設計一本有關禮貌的書讓她遵守。
- 為公主及青蛙王子的婚禮在報紙的社會版上發表一篇文章。你可以針對他的家庭問題說些什麼？

選薦繪本

The Frog Prince. Translated by Naomi Lewis and illuastrated by Binette
　　Schroeder. North-South, 1989.（這個版本的插圖，充滿了金
　　屬性的畫風。）

The Frog Prince.Retold by Jan Ormerod and David Lloyd and illustra-
　　ted by Jan Ormerod. Lothrop, Lee and Shepard 1990.（本書的插
　　圖融合了故事的情節和中古世紀的服裝，表現出故事特有
　　的風格。）

The Frog Prince. Retold by Edith H. Tarcov and illustrated by James
　　Marshall. Scholastic, 1987. （這個重述的故事充滿幽默風趣
　　的風格。）

The Princess and the Frog. Written and illustrated by Rachel Isadora.
　　Greenwillow, 1989.（水彩畫插圖運用不同的陰影明暗度，使
　　插圖更貼近整個故事的內容。）

相關資料

The Frog Prince, Continued. Written by Jon Scieszka and illustrated by
　　Steve Johnson. Viking, 1991.（忘了從此過著幸福快樂的生活
　　這樣的話吧，因為事實是王子令公主感到困擾不已，因為

他仍喜歡跑到池塘去吃蒼蠅。他甚至想找巫婆把他變回青蛙！但至少他也從中學會如何去愛了。）

A frog Prince. Written and illustrated by Alix Berenzy. Heriry Holt, 1989.（在這個版本中王子離開忘恩負義的公主，並找到一位可愛的青蛙公主成爲他終身的伴侶。）

The Frog Princess. Retold by Elizabeth Isele and illustrated by Michael Hague. Crowell, 1984.（在俄國版的故事中，沙皇命令他的兒子們對天射箭，並要求他們必須娶拾獲箭的人，結果是一隻青蛙撿到王子艾文的箭，但事實上，牠是一位美麗的公主。）

'The Marriage." Written by Sara Henderson Hay. From Story Hour. Doubleday, 1963.（皇后說新郎根本不是一位王子，她的女兒是一個不切實際的人。）

金手指

A GREEK MYTH

故事大意 —— ₩₩—

　　米達斯國王愛黃金勝於世上其他東西，有人給了他神奇的魔力——金手指，他非常高興，直到他發現所有的東西、食物，甚至連他心愛的女兒被他碰一下就會變成黃金。

單人默劇活動

旁述默劇

- 米達斯國王喜歡在宮殿地下室的房間裡打發時間。請你當米達斯國王,走這條又黑又長又彎曲的通道來到這個小房間;你來到門前,用一把大鑰匙開了門後,小心地鎖上;然後你拿起一袋金幣走到靠窗有光的地方,一邊數金幣一邊告訴自己有錢真快樂。

- 你是米達斯國王,一早起來你便迫不及待要試試自己的金手指。你狂熱地伸手碰觸身邊的每一樣東西,然後看著它們變成黃金。現在摸摸床柱、一本書、穿上衣服(衣服變重了)!梅莉高的手帕(你希望它沒變)、眼鏡(你沒辦法看清楚了)。即使如此,你仍然很高興自己擁有金手指。

- 你是米達斯國王,你正要吃早餐。但令人驚訝的是,你才剛要把滿匙的咖啡喝進嘴裡,它就變成黃金了,你把一條小鱒魚放在盤子裡,它也變成一條黃金魚了,你要吃的熱騰騰的蛋糕也變成了黃金……你無法相信這一切所發生的事情。現在你比較關心的是你有什麼東西能吃,而不是你的金手指。你伸手去拿水煮蛋,它也變成了黃金。你嫉妒地看著梅莉高吃她的早餐,可是當你把一塊熱馬鈴薯塞進嘴裡時,熱熱的金屬狠狠地燙了你的嘴，你痛得跳起來跺腳，最後精疲力竭地跌坐在你的黃金椅上。

- 你當梅莉高，你變成一座雕像，你懷疑的神情顯出你對父親的愛、感嘆和遺憾，現在感覺到米達斯國王正向你潑水，你又活過來了，讓我們看看你想做的第一件事是什麼？
- 你當米達斯國王，你跳進水裡要讓自己失去金手指的魔力，你注意到你的衣服和水壺已從黃金變回原來的樣子，把水壺浸入水裡，然後迅速地回到宮殿裡，把水倒在梅莉高身上，然後倒在玫瑰，以及之前被你變成黃金的東西，漸漸地你的心情變輕鬆了。
- 你是梅莉高，你要聞聞黃金玫瑰花的香味，你卻發現它們根本沒香味，而且硬硬的花瓣刺得你鼻子好痛，你厭惡地把它們扔在一旁。

單獨應答活動

單獨應答

- 你是米達斯國王的父親／母親，他孩提時是個怎麼樣的小孩呢？你能不能告訴我們，你什麼時候注意到他喜歡擁有黃金？為什麼是黃金而不是金銀珠寶，或者其他更有價值的東西？
- 你是米達斯國王，我有神力能實現你的願望，但你得先讓我相信，如果你擁有金手指，你會很快樂。（你可以以陌生人的角色發問。）

- 你是米達斯國王，現在，依你的要求，金手指的魔力已被移除，你會給一個像你之前一樣愛黃金的人什麼建議？

- 梅莉高，你的父親沒有了金手指的魔力後，有什麼行為怪異的現象嗎？他現在有做什麼事是以前不曾做過的嗎？或者有什麼事是他以前會做但是現在不會做的呢？

成對和成組的默劇活動

✿ 分組默劇

- 演出一些用金子做的東西。

✿ 雕像

- 假裝你在宮殿裡不小心碰到米達斯國王而變成金人，觀眾會猜猜看在你被變成黃金的那一刻你正在做什麼？

✿ 轉化和慢動作默劇

- 兩人一組，其中一人當黃金雕像，另一人拿著一壺水要把雕像變回原來的人，我數到十的時候，請用慢動作表演出來。

❋ 建構空間

米達斯國王在地下室的藏寶室，有什麼東西會放在那裡？在裡面黃金的種類又會有哪些？

成對和成組的口語活動

❋ 辯論

• 米達斯國王的手下在辯論米達斯國王該不該保留金手指，有一邊說國家真的需要錢，另一邊說國王的身心狀況較重要，最後兩方的決議為何？

❋ 訪談

• （讓幾個小朋友當年輕的陌生人，回答班上學生的問題）你是誰？從哪來？為什麼要把金手指的魔力給米達斯國王？如果他再次要求要有金手指，你會給他嗎？你有沒有把這種魔力給其他的人？你希望米達斯國王從金手指事件學到什麼？你還能夠答應別人實現什麼願望？

- 米達斯國王、他的女兒和三個僕人舉行記者會，有記者在問金手指事件的細節。別忘了，問話要有技巧，國王對最近發生的事很困窘，他希望盡快忘掉整件事。
- 很多年之後，米達斯國王的孫兒唱一首關於金手指的歌，三人一組編出這首歌並唱給大家聽（用〈小星星〉的曲調）。

即興表演的景

- 假如有人在米達斯國王擁有金手指魔力的時候去拜訪他，而且米達斯國王現在了解到他的情況很困窘，他要如何向好奇的訪客解釋宮殿裡到處是黃金的事？在米達斯國王必須避免碰到一些東西，包括他的訪客在內時，他又要如何表現出好客的樣子呢？

說故事

- （五人一組）想個有可能發生在現代的簡單故事，例如：有人想要有巧克力手指。

相關活動

- 梅莉高日記裡寫到她父親得到與失去金手指那天的細節，用梅莉高的口吻寫出當天的日記。

- 找找看有哪些故事裡談到願望，做一張表，列出故事裡被實現及沒被實現的願望，實現的成功率有多少？當許願者的願望被實現時，他們的感受又是如何？
- 國王想要確定他已把一切回復原狀，請你幫國王的僕人，把國王先前變成黃金的東西列一張清單。
- 找些煉金術的主題。
- 米達斯國王剛剛發現，那些變成黃金的東西其實是鍍金而非純金的，他想要昭告天下，找一個能把東西變成純金的人，請寫一則告示登在報上，並說明細節。

選薦繪本

The Golden Touch. Written by Nathaniel Hawthorne and illustrated by Paul Galdone. McGraw-Hill, 1959.（利用橘色和亮金色替這些黑白插畫著色，使插畫增色不少。）

King Midas and the Golden Touch. Retold and illustrated by Kathryn Hewitt. Harcourt, Brace, Jovanovich 1987.

King Midas and the Golden Touch. Retold by Freya Littledale and illustrated by Daniel Home. Scholastic, 1989.（有一些現代化的設備出現在這個版本中。）

相關資料

The Chocolate Touch. Patrick Skene Catling. Morrow, 1979.（在這像
　　小說一樣長的故事中，有個叫麥提斯的小男孩擁有點巧克
　　力術。當他一碰到他的母親時，他的母親變成了一個巧克
　　力奶油派後，他又有了新點子。）
Favorite Greek Myths. Retold by Mary Pope Osborne and illustrated by
　　Troy Howell. Scholastic, 1989.（在這個故事選集的版本中，
　　是酒神賦予了麥提斯這種神力。）

白雪公主

Jakob and Wilhelm Grimm

故事大意

　　一位年輕的公主擁有驚世的美貌，卻因此受到她的繼母，即皇后的嫉妒，以至於處心積慮要殺了她。因為她的皮膚跟雪一樣白，所以大家都叫她白雪公主。白雪公主在找地方藏身時，找到了靠採金維生的七個小矮人所住的房子。皇后靠著魔鏡找出白雪公主的藏身之處，並且偽裝成賣東西的老婦人，最後終於成功地用一粒蘋果毒死了白雪公主。小矮人們不忍心將公主埋在地下，便把她放在玻璃棺材裡。一位王子發現她並乞求小矮人們讓他把白雪公主帶到他的城堡。當王子的僕人們把棺材抬走的時候，卡在公主喉嚨的蘋果掉了下來，而使白雪公主活了過來。她嫁給了王子，而那邪惡的皇后被迫穿著燒紅的鐵鞋跳舞至死。

單人默劇活動

單人默劇

- 扮演一片雪花，像羽毛般落下，如白雪公主的母親凝視窗外所看到的。（這也可視為安靜活動。）

- 白雪公主進入小矮人的房子休息。但每張她試過的床都有問題——不是太硬就是太小。直到她試過第七張床才找到一張適合的。其他的床有什麼問題？你是白雪公主，當我數到七的時候，你已經試了六張床，可是每一張都有些問題，一直到你找出最適合你的那一張。然後你在它上面躺下並且很快入睡。

- 當小矮人發現白雪公主正在睡覺，他們不想吵醒她，以至於第七個小矮人整晚必須個別與他的每一個夥伴睡一小時。你是那第七個小矮人。我將數到七，呈現你第一晚休息時所遭遇的困難。試著在你每睡一個床時呈現一個不同的問題。

- 白雪公主正為一位小矮人做一套新衣服。讓我們看看你手握住的部分及做它的樣子，好猜猜看你在做那件衣服的哪個部分。

- 獵人帶來一顆野豬的心來代替白雪公主的心獻給皇后。他們把那顆心醃了鹽並且煮給皇后吃。假如你是皇后，沾沾自喜地吃著它，心裡想著自己怎麼那麼聰明，可以輕易地把敵人做掉。現在發出一個陰沈的邪惡笑聲。

• 在數到十的時候，你將是皇后，你一步一步地將自己偽裝成賣東西的老婦人。我們知道她在自己的臉上畫妝，並穿上老婦人的衣服，除此之外她還做了些什麼？

• 當皇后最後一次聽說自己並不是最美麗的女人時，她心中充滿了嫉妒與忿怒。你是這位皇后，體驗這強烈的忿恨——請你靜靜地以慢動作呈現。當我數到十的時候，你將聽到鏡子所說的話，你的心中開始逐漸地被憤怒壓倒，最後全身無力地倒在地板上。

• 你是皇后，被迫在婚禮中穿著燒紅的鐵鞋跳舞。當音樂播放時，你將不情願地開始跳舞，但很快地鞋子動了起來並帶著你一陣狂舞。當音樂停止後，我數到三時，你將慢慢地累倒而死在地板上。

轉化

• 你是美麗、尊貴的皇后。慢慢地，當我數到十的時候，藉著變成像巫婆般邪惡的樣子，對我們展示出你那邪惡的一面。

單人應答活動

🏵 單獨應答

- 你是皇后的魔鏡。告訴我們,你如何知道誰是王國中最美麗的人?你還知道其他什麼事?你對皇后的真正看法是什麼?如果可以的話,你想對她說什麼?
- 你是白雪公主的父親。你娶新皇后的理由是什麼?她似乎一點也不像以前的皇后,不是嗎?你對這個問題有什麼想法?

雙人及小組默劇活動

🏵 即興表演的默劇

- (八人一組來做)獵人離開白雪公主之後,公主走過森林試著想找出自己的路。但森林裡的樹木好像是活著的,屢次向她伸過來並且試著要嚇她。你們其中一個是白雪公主,其他七個人當樹。當我播放音樂時,讓我們看看這一幕。這些樹木必須不能真的碰到白雪公主。(建議播放的音樂: "Night on Bald Mountain" by Mussorgsky.）

🎴 數數停格默劇

- 白雪公主同意為小矮人們做所有的家事。想出一項她可能做的家事讓我們猜猜看。要記得房子裡的東西都很小。

🎴 建構空間

- 建構小矮人們的小屋。要記得他們是淘金者而且房子裡的東西都很小。要小心在你進出時不要被低矮的門戶撞到頭。

🎴 即興表演的默劇

- 小矮人回到家發現白雪公主在床上睡著了。他們決定讓她好好地睡覺，所以他們靜靜地洗菜並且準備晚餐。但他們有七個人，這樣做好像有點難。演出這場景可能是什麼樣子。（一組七人做此演出。你可能要描繪出一個狹窄的空間，並發給每個人一張上面寫上特別工作的卡片：砍木頭、布置桌布及餐巾、放置碗盤及杯子、放置銀器、泡茶、烤麵包、煮粥。）
- （一組四人做此演出）王子的僕人抬著白雪公主的棺木由山上下來。小心地抬著它，開始你們的旅程，走過不平的石頭，經過樹木繁茂的地區，渡過有踏腳石的溪流，最後到達山腳，然後恭敬地把它放下。慢慢地演出，並在你們移動時，藉著彼此保留相同的距離以保持棺木存在的幻覺。（牧歌的音樂有助於氣氛的營造。）

- 小矮人們把白雪公主的棺木放在一座山上，並看護著它。（放兩張椅子當做棺木。）小鳥們來哀悼，或許還有其他人也都來哀悼。一個接著一個，你可以前來表示你的敬意。當你向前致意時，你也將留下具有紀念性的紀念品。（輕柔的音樂將有助於維持氣氛。建議：Debussy's "La Mer"，"Clouds"，or "Claire de Lune"。）

雙人及小組應答活動

引導者的角色扮演

- （你扮演僞裝後的繼母。請小朋友們假裝自己獨自在小矮人的屋子裡。）哈囉，有人在家嗎？我有一些可愛的貨物要賣。請你們到門口來，好讓我給你看看這些東西。（持續慫恿小孩們讓你進去。你將需要編藉口說明你爲何不能透過窗戶展示你的貨物。你也不能在門下塞進東西或留下樣品。確定維持你及他們之間有一扇門隔開的幻覺；避免目光的接觸。不要假裝令人害怕，否則小孩們將知道你正假扮誰。雖然有些孩子可能懷著讓你進去的想法，但團體將不允許這樣。最終，你將需要放棄，說一些像「詛咒」的話，如此孩子們將知道他們贏了。回到小組裡聽聽他們心中的感覺。）

- （你假裝是其中一個小矮人）我的兄弟們要求我來向你求助。我們有點擔心，因爲白雪公主不夠小心，而且不斷讓陌生人進到屋裡來。我們已警告她要小心提防邪惡的皇后，但她是如此的輕易信任別人。我們能做什麼？你能爲我們列出一些點子或幫我們想些辦法嗎？（讓小孩們發問，如果需要的話，把他們分組以集體討論出意見來。）
- （你是白雪公主）我有一個問題不知如何解決。如你所知，一些非常好心的紳士們正讓我住在他們家裡。爲了報答他們的慷慨大方，我幫他們料理房子。但即使他們長得很小，要爲七個人煮飯及清掃工作好像太多了。我想我有一點工作過度，但我害怕說出來傷了他們的心。我該怎麼辦呢？

🏵 口語表達

- 兩位城堡的僕人正一邊做著他們的工作一邊談論著國王的新皇后，並與前任皇后做比較。他們注意到新皇后一些奇怪及令人害怕的行爲。當我們注意聽他們的對話時，他們說些什麼？
- 小矮人們正試著決定要送什麼結婚禮物給白雪公主。對他們而言，送什麼是最恰當的呢？列出可能禮物的清單，看看你們是否能一致同意某一項禮物。（七人一組）

✺ 即興表演的景

- 國王想知道白雪公主在哪裡，此時皇后捏造一個故事騙國王樹林裡所發生的事。他探問細節，發覺她的故事很難令人相信。讓我們聽聽那段對話的部分，這個場景在國王似乎對所得到的訊息感到滿意的時候落幕。
- 皇后問魔鏡誰是世界上最美麗的人。鏡子害怕說出實話並試著改變話題。接下來可能發生什麼事？

✺ 訪談

- 你們是皇后的一些僕人，你們願意為了獎賞而發言。可能被問到的問題有：皇后使用哪些魔咒及法術？要怎樣進入她製造毒蘋果的秘密房間？魔鏡來自什麼地方？為什麼對皇后來說，成為世界上最美麗的女人是如此的重要？
- 在邪惡的皇后死後，她的一些家人要求與王國內的人民見面，並解釋事實上皇后是喜愛白雪公主的，而且也無意傷害她。老百姓會提出什麼問題？皇后的親戚會怎樣回答來挽救她的聲譽？

✺ 辯論

- 在婚禮之後，白雪公主想要邀請小矮人們來皇宮住。王子並不認爲這是個好主意。你們最後的決定是什麼？

我是誰？

- 很多小朋友對華特狄斯奈版的白雪公主很熟悉，他們認爲小矮人的名字是在故事原始版本中就有的。如果他們堅持在故事中包含這些可辨識身分的名字，這個遊戲就可以使用。由小矮人回答問題的方式，聽衆們必須認出誰是小組成員中的萬事通、愛生氣、開心果、瞌睡蟲、噴嚏精、害羞鬼及迷糊蛋。

相關活動

- 假設七個小矮人變得習慣有人爲他們煮飯及清掃，因此他們決定請個女佣人。爲他們寫篇報紙廣告並詳列小矮人的徵人條件。
- 白雪公主寫了一封信給小矮人，邀請他們到皇宮一遊。她爲小矮人準備了什麼有趣的活動？
- 製作一本邪惡皇后的魔咒冊子。
- 在白雪公主來跟小矮人們一起住之前，他們有個非常有條理的計畫來整理房子。設計他們的執勤人員表，並指出在一個禮拜內須做的所有家庭雜務，以及誰要做什麼工作。
- 小矮人們很擔心白雪公主受皇后毒咒的威脅，因此他們決定

爲她寫出一份急救用的安全提示清單，請幫助小矮人完成這
項任務。

選薦繪本

Snow White and the Seven Dwarfs. Translated and illustrated by Wanda
　　Gag. Coward-McCann, 1938, 1965.（這個版本是利用黑白平
　　版印刷的，細膩的細節充分捕捉到這個童話故事的特質。）
Snow-White and the Seven Dwarfs. Translated by Randall Jarrell and
　　illustrated by Nancy Ekholm Burkert. Farrar, Straus and Giroux,
　　1972.（本書美麗而細膩的插圖曾獲考德卡特獎。）
Snow White and the Seven Dwarfs. Retold by Freya Littledale and il-
　　lustrated" by Susan Jeffers. Scholastic, 1989.（這是一個較易閱
　　讀的簡易版）。
Snow White. Translated by Paul Heins and illustrated by Trina Schart
　　Hyman. Little, Brown, 1974.（這個譯作較爲不拘小節。而插
　　圖則帶有幾分憂鬱的風格。）

相關資料

"One of the Seven Has Somewhat to Say." Written by Sara Henderson
　　Hay. From Story Hour. Doubleday, 1963.（其中一個小矮人不

斷地說他要住在一個舒適一點的地方。他抱怨白雪公主太
呆板、太謹愼了。）

"Snow White and the Seven Dwarfs." Written by Roald Dahl. From Roald Dahl's Revolting Rhymes. Knopf, 1983.（七矮人扮演著外行的馬術師。他們非常愛賭馬！白雪公主爲了贏得賭金而偷走了魔鏡，最後他們都成爲百萬富翁呢！）

Snow White in New York. Written by Fiona French. Oxford University Press, 1986.（這個改寫版發生於一九二〇年代，七矮人變七位爵士樂手。魔鏡變爲紐約鏡。）

睡美人

CHARLES PERRAULT

故事大意 ————〰️—

　　國王及皇后邀請仙女們參加他們小公主的受洗典禮，
但是卻忘了邀請一位重要的仙女。憤怒的仙女詛咒說，公
主有一天將被紡織機的紡錘刺傷手指而死。由於這個詛咒
無法破解，一位仁慈的仙女將它改為一百年的沈睡。此外，
公主將因一位王子的親吻而喚醒得救。所有事情皆如預測
般實現。當公主十六歲的時候，紡錘的意外發生了，善良
的仙女得到這個消息後立刻趕回來，為了使公主醒來的時
候不至於孤單一個人，善良的仙女對皇宮所有人施咒，使
他們都沈睡一百年。一百年後，一位王子勇敢地穿過沒有
人或野獸能夠穿過的濃密刺藤並且拯救了公主。

單人默劇活動

慢動作默劇

- 你是被紡錘的軸刺傷手指的公主，妳將陷入沈睡當中。在數到十以內做此慢動作。（提示：你變得想睡覺，你的眼皮開始下垂，你打著哈欠，你抬不起頭來，等等。）
- 你是小矮人使者，當公主開始沈睡時通知善良的仙女。穿上你的七里格靴子跑過（慢動作）一萬兩千里格找出她。記得，你可以一步跑七里格（里格：長度單位，大約是三英里）。

無噪音的聲音

- 假設某人在沈睡詛咒施行的時候正打著噴嚏。讓我們試著以慢動作做做看，不要發出聲音，慢慢數到五時，你將在打噴嚏中即時被停格。（當學生被停格後，告訴學生當他們聽到親吻的聲音時，咒語才會解除。咒語一被解除，他們將立刻醒來並完成打噴嚏的動作。此時請大聲地親吻你的手背作爲提示。）

🏵 安靜活動

- 整座城堡都在沈睡中。每一個人看起來都將與其他人有點不同。決定你想作某人或某動物後，擺出你的睡姿。要睡得很沈以至於沒有鼾聲或其他聲音。當我播放音樂時，讓我們看看這陶醉的沈睡。（建議播放的音樂：柴可夫斯基的〈睡美人芭蕾〉。）

單人應答活動

🏵 單獨應答

- 未被邀請的仙女抱怨著自己被忽視了，因此低聲嘀咕威脅著。這樣聽起來可能像什麼呢？
- 我們知道在故事裡，睡美人說的第一句話，是在她百年沈睡醒來那一刻。她是否有可能說其他的話而沒有被記錄起來？那些話的內容可能是什麼？
- 你是國王，你命令王國中所有的紡錘都必須被破壞掉。國王現在想知道為何獨獨漏了城堡塔上的紡錘沒被破壞。你如何解釋？

🎴 說故事

- 這幾年來，有關遙遠的城堡被濃密的森林包圍，沒人能夠穿越的故事被述說著。你住在離城堡最近的地方。你曾經聽過什麼故事嗎？

雙人及小組默劇活動

🎴 即興表演的默劇

- （雙人一組做此練習）老女人很快地轉動紡錘。她已經有好幾年的經驗，因此對她來說是很容易的。她試著教睡美人如何操作，但公主以前甚至沒看過紡錘。以默劇形式演出的這幕景看起來是什麼樣呢？這場景在睡美人刺傷她的手指後慢慢陷入沈睡中落幕。
- 當我播放音樂時，你慢慢地變成刺藤把城堡包圍起來。要演得像多刺的樣子，並且互相纏繞在一起，以至於沒有人或野獸能夠穿過你。（每個人圍成大圈圈試試看）

靜止的畫面

- （將全班分成八人一組）讓我們看看八位仙女在公主受洗時被拍下的照片。讓我們確認誰是未被邀請的仙女。
- （將全班分成三人一組）設計一個停格的畫面，當咒語施加在你們身上時，你可能正在做什麼事情？（猜猜看同學正在表演的是什麼事，以及他現在是什麼角色；例如：照顧馬兒的馬伕、翻轉烤肉架的廚師、擦亮盔甲的武士等等。）現在，讓我們扮演咒語解除前的情形。當我由十開始倒數的時候，你將慢慢地解除停格，變回你在被施咒前所正在進行的動作。

數數／停格默劇

- 皇宮已靜止了一百年沒人打掃或照料，並且堆積了一百年的塵埃。現在開始大掃除。想想看你將扮演什麼角色，及著手處理什麼樣的工作。我們將試著猜想你是誰？以及你的工作是什麼？

機械式的動作

- （將全班分成五人一組）設計一個旋轉的輪子並示範它運轉的樣子。

雙人及小組應答活動

🎴 訪談

- （採訪者可爲報告人）你是待在塔中的老婆婆，你正轉動著紡車。你是誰？爲何當國王下令將紡錘全部摧毀之後，你還有一個能旋轉的紡錘？你在詛咒當中也沈睡嗎？
- （採訪者可爲報告人）我們聽說公主在她沈睡時曾經夢到王子。假如你是王國中的一分子，你可能是誰？在你沈睡一百年中你夢到了什麼？

🎴 辯論

- 國王及皇后爲了是否要告訴現在已經十五歲的女兒，有關她嬰兒時被施加的咒語的事情而爭論著。國王認爲她應該知道這件事；而皇后想保護她不讓她知道。誰會被說服？
- （四人一組）負責清掃工作的兩位僕人要求謁見公主及她的新丈夫。他們抱怨在被忽視了一百年的清潔工作後，應該在人員及補給方面給與較多的協助。這對年輕的夫婦不太確定這是否必要，因爲，他們不久將要搬到王子的宮殿裡去了。還有什麼其他的理由可以拒絕僕人的要求？

🏵 引導者的角色扮演

- （你扮演國王及皇后的一位僕人）國王及皇后想要要求所有的仙女做小公主的教母。問題是，我要如何把她們找出來呢？你知道仙女們住在哪？或我們該如何傳話給她們？其中甚至還有一位五十年來都沒人見過的仙女。你對她的行蹤有任何概念嗎？

- （你扮演王子的一位僕人）王子不敢親吻睡美人，因為他完全不認識她，而且她的身上沾滿了灰塵。你們是精通各種咒語的精靈。王子還可以用什麼辦法來解除沈睡的咒語呢？

- （你扮演一位憂心忡忡的宮廷官員）宮中的人都爭論著要不要發喜帖給那位對睡美人施咒的仙女。有些人覺得她不值得被邀請，而其他人害怕她會因此而報復。你認為我們該怎麼辦？

- （你扮演一位憂心忡忡的宮廷官員）我現在碰到了一點小麻煩，城堡中有一個人在咒語解除之後並未甦醒過來，國王要我幫助這個人，請問我該怎麼做呢？（這個人可以是個非特定且官階較低的官員，而且大家都知道他沒有家人。）

🏵 口語表達

- （五～七人一組）那些善良的仙女們心裡都不太舒服。因為大家把所有的焦點都集中在那位邪惡的老仙女身上，而似乎忘了此行的目的是為了給公主送一份特別的禮物。他們的對話聽起來像什麼呢？

- （五人一組）老百姓都在抱怨國王下令銷毀紡錘所帶來的不便，特別是靠紡車過活的人。讓我們聽聽他們怎麼說。

- （兩人一組）老人告訴王子睡美人的故事後，王子不顧老人的警告，決意要找出公主。這段對話聽起來可能是怎樣呢？

- （兩人一組）在咒語解除之後，一位不知道他曾沈睡一百年的廚師繼續著打掃廚房及準備食物的工作。王子的一位僕人試著告訴他發生了什麼，但這位廚師感到非常疑惑而且覺得這樣的故事很難令人相信。

- （兩人一組）國王試著對於沒有邀請老仙女的事道歉，但她不肯輕易原諒。國王會用什麼藉口而仙女又會怎樣回答呢？

- （兩人一組）睡美人正請人設計她的結婚禮服，但她的款式過時了，結果，連王子都注意到她唯一的禮服看起來像他曾祖母會穿的樣子。婚禮的顧問試著使她對新款式感到興趣。睡美人對新型設計的反應會是如何呢？

訪談小組

- （小組成員模仿邪惡的仙女）可能會發問的一些問題：國王及皇后找不到妳，因為五十年來沒人看過妳，妳去哪裡了？為何沒有與其他仙女享受相同的晚餐服務對妳造成這麼大的困擾？妳為何要對一個小嬰兒施加如此恐怖的咒語？妳與其他仙女的關係是什麼？

- 你們是皇家結婚典禮的參事。雖然公主與王子同年齡,但他們的背景有一百年的差距。這樣會產生什麼問題,可解決嗎?對於這樁婚姻的成功性你有什麼預言呢?

相關活動

- 國王及皇后召喚你來協助計畫受洗典禮的盛大慶祝活動。他們已邀請王國內的仙女們,但他們不知道仙女們吃什麼?請你為仙女們設計一份菜單來取悅她們。
- 為施洗及/或婚禮準備一份節目表。裡面有什麼事件?有誰參與?這節目表要如何點綴?
- 設計一本與沈睡有關的魔咒書。
- 找出有沈睡咒語的其他故事。
- 為睡美人及王子的婚禮寫一份祝頌詞。
- 為現代電視轉播員寫一篇稿子報導發現傳奇睡美人公主的過程。
- 寫出國王的宣告,聲明任何人都不准用捲線桿及紡錘紡紗或甚至擁有紡錘。
- 公主想知道在她沈睡的過去一百年間錯過些什麼。寫下一篇簡短的歷史(或設計一個時間表),指出你認為在她的國家或世界上所發生最重要的事件。

選薦繪本

The Sleeping Beauty. Illustrated by Mercer Mayer. Macmillan, 1984 . （豐富的色彩和細緻的筆觸凸顯出這作品的特色。）

The Sleeping Beauty. Adapted by Jakob and Wilhelm Grimm and illustrated by Warwick Hutton. McElderry, 1979.（水彩畫柔和的色調推陳出一種沈穩的氣氛。）

The Sleeping Beauty. Retold and illustrated by Trina Schart Hyman. Little, Brown, 1983.（在這一個版本中，灰暗的色調給人一種憂鬱的感覺。）

The Sleeping Beauty. Translated and illustrated by David Walker. Crowell,1976.（金色和青銅色爛漫水彩的風格，替整個故事帶來夢幻般的場景。）

相關資料

About the Sleeping Beauty. Written by P. L. Travers and illustrated, by Charles Keeping. McGraw-Hill, 1975.（市面上有六種版本：包括原著，他們都是根據故事原意所寫作的。）

"The Sleeper." Written by Sara Henderson Hay. From Story Hour. Doubleday , 1963.（這個版本分成兩部分，讓我們來聽聽睡

美人和王子的內心的想法，她說她失去了屬於她自己的私生活；而王子發現公主是既倔強又自私的人。）

Sleeping Beauty. Retold by C.S. Evans and illustrated by Arthur Rackham. Viking, republished 1972.（這個版本葛林將故事擴充成十一章，並用黑白畫做為插圖。）

Sleeping Ugly. Written by lane Yolen and illustrated by Diane Stanley. Coward-McCann, 1981.（一個美麗但高傲的公主、一個平凡的女孩、一個昏睡了一百年的仙女，還有一個貧窮的王子。王子親了女孩和仙女，使她們甦醒過來，而高傲的公主仍然昏睡著。）

美女與野獸

A FRENCH TALE

故事大意

　　一個商人在回家的路上迷了路，搖搖晃晃地來到一座野獸居住的城堡，商人從城堡花園摘了一朵玫瑰要給女兒美麗。野獸發現後威脅要將商人殺掉，除非商人答應獻出其中一位女兒來代替他。美麗很勇敢地接受這樣的交換條件，並且住進城堡，但是當野獸向她求婚時，她卻不能答應。雖然她在城堡的日子很快樂，但是她很想家，於是要求野獸讓她回家一趟，野獸答應了，並且告訴美麗，她必須在兩個月內回來，要不然他會死。美麗不在的時候，野獸幾乎快活不下去了，美麗在家也很想念野獸。幸好，她及時趕回去破除了施在野獸身上的咒語。美麗忘了野獸的容貌，想到他仁慈的本性，便同意嫁給野獸，也就在那時候，野獸變成她夢中的王子，後來兩人就快樂地結婚了。

單人默劇活動

轉化

* 你是野獸花園裡含苞待放的玫瑰，當音樂播放時，你會慢慢地盛開為最漂亮的玫瑰。
* 你是坐在王位上的王子，現在你被下了咒，你慢慢地變成一隻醜陋的野獸，像一隻野獸一樣在王位四周走動，現在咒語被解除，你再一次變回王子，請回到王位上。

單人應答活動

單獨應答

* 妳是美麗，我們是妳的家人，告訴我們妳在城堡的生活，說說讓妳喜歡的事及不喜歡的事，要說理由喔！
* 你是野獸，你記得發生過什麼事嗎？誰在你身上施了魔法？為什麼呢？你的感覺又是什麼？
* 你是美麗的父親，說說你為什麼會把美麗留在城堡和野獸一

起，而不是自己留下來受罰？

- 美麗，你知道野獸又要向妳求婚了，這次，妳會用什麼藉口
  拒絕他？記得妳不想傷害他喔！
- 你是野獸，假如美麗沒有依約回來，你會有什麼感觸？
- 你是美麗父親的前合夥人，說說你為什麼把美麗父親的貨品
  據為己有，當你知道他還活著，你打算怎麼做？
- 你是美麗一家人在家境富裕時的朋友，現在他們變窮了，你
  可不想和他們有任何瓜葛，你聽說他們希望你能邀他們過來
  同住，當我們在這個房間走動時，說出一個不能讓他們過來
  住的理由，用一句話就好，雖然你說話的樣子很有禮貌，你
  的語氣裡仍嗅得出優越感。
- 妳是美麗的姐妹之一，說說妳為什麼覺得應該是由美麗去野
  獸那裡而不是妳去。

🏵 音效

- 美麗的父親來到野獸的城堡時，發現四週一片死寂，假裝他
  喊出：有人在嗎？他聽到回音。回音聽起來如何呢？我當美
  麗的父親，你當回音（把班上分成五六組，每組重複回聲，
  回聲變得越來越小聲，到最後幾乎只聽到耳語）。

成對和成組的默劇活動

🏵 數數／停格默劇

- 美麗的兄弟姊妹比手劃腳形容出他們想要父親帶回的東西，其他的人會猜他們要什麼？

🏵 機械式的動作

- 美麗房裡的鬧鐘很特別，因為它總能喊醒美麗。做出這個鐘，當我指著你時，表演三次你們這一組如何叫美麗的名字。（五人一組）

🏵 建構空間

- 美麗的家庭原本過得不錯，後來才變窮的。做間房間，在裡面有漂亮的傢俱，後來，債主卻來搬走所有的傢俱，然後美麗的家人必須搬些較粗糙的傢俱進來。
- 在野獸要求下，美麗裝了四大箱寶物要給家人當禮物，美麗會帶什麼回家呢？（比出四個方形的輪廓代表這些箱子。）

❀ 雕像

• 野獸的城堡很高貴,裡裡外外都有雕像,會有什麼種類的雕像呢?

❀ 靜止的畫面

• 你們是美麗的家人,讓我看看你們歡迎美麗回來的樣子,你們每一個人的感受又是如何呢?
• 兩個靜止的畫面,一是美麗和她家人有錢的時候,二是他們家道中落後。

❀ 鏡子活動

• (五人一組)你在掛滿鏡子的房裡,四周的鏡子都是你的影像,假裝你們其中一人照四面鏡子,這四面鏡子在你面前呈半圓形排列,你做什麼,這四面鏡子就跟著你做,試穿漂亮的衣服、試戴野獸送給你的漂亮珠寶。(學生可以扮演美麗或是她的家人。)

❀ 即興表演的默劇

• 美麗和父親在城堡裡吃晚餐,僕人能聽候他們的吩咐,但卻無法看到僕人，我們來看看這一幕，僕人服侍美麗和她父親，但父女倆卻看不到半個僕人，當晚餐吃完，這一幕戲也結束了。

- 商人因為海盜攻擊、船難或大火，失去了所有的船，讓我看看其中的一個災難。（五人一組，用影子默劇搭配，在幕後打強光）
- 美麗在野獸的城堡裡做了好幾次夢，演出其中的一個夢（可以用影子默劇搭配，建議用虛無縹緲的背景音樂）。
- 演出一段美麗或許曾在野獸城堡看過的有趣默劇。（也可以用影子默劇。音樂建議用 Kabalevsky 的 "The Comedians"。）

成對和成組的應答活動

即興表演的景

- 美麗的父親跟家人說他在野獸城堡裡發生的事，美麗的兄弟想要找出野獸殺死它。但美麗的姊妹們卻說這都是美麗的錯，要不是她沒事要朵玫瑰，就不會發生這樣的事。當美麗同意去城堡，這一幕戲就結束了（六人一組）。
- 美麗的兄弟打算把美麗救出城堡，他們的計畫如何？又怎樣才能大功告成？要智取不要用暴力。

- 美麗的姊妹們在說美麗要回家的事，她們已經習慣美麗不在家了，她們覺得美麗似乎有點礙事，來聽聽她們說的悄悄話。

專家

- 專家小組會解釋醜陋的缺點（選出會認真看待這個問題的小組成員），野獸（聽眾）也許會想知道一些對策。
- 兩人一組，其中之一當鳥籠裡的鳥，另一個當鳥籠的主人，雖然牠們都會說話，但所有的鳥都有不一樣的地方。他要說明這一隻鳥哪裡特別？

訪談

- 記者訪問參加婚禮的姊妹們，對於美麗現在嫁入王室，她們有什麼感想？（兩人一組）

相關活動

- 寫篇故事告訴我們一個王子怎樣變成野獸？誰施了魔咒？又

為什麼？魔咒如何被解除的呢？

- 美麗和野獸在經過一段一成不變的生活後，都幻想著另一種新生活，請寫出他們可能嚮往的新生活是什麼？
- 不同的版本以不同的手法描述故事裡的野獸，插畫家所畫出的野獸也不盡相同，比較文字及圖畫對野獸不同的詮釋，學生喜歡哪一種？原因是什麼？讓學生畫出自己想像的野獸。
- 你們還知道什麼其他關於愛情勝於容貌的故事？

選薦繪本

Beauty and the Beast. Retold and illustrated by Jan Brett. Houghton Mifflin/ Clarion, 1989.（這個版本的故事是較簡單的，插圖則在織錦畫中展現出野獸城堡中原本的風貌。）

Beauty and the Beast. Retold and illustrated by Mordicai Gerstein. Dutton, 1989.（在線條和重彩構成的畫面中，保留著許多想像細節的空間。）

Beauty and the Beast. Translated by Richard Howard and illustrated by Hilary Knight. Simon & Schuster, 1990.（將插畫擴展成彩色的、平面的畫面，就好像一部卡通影片般。）

Beauty and the Beast. Retold by Philippa Pearce and illustrated by Alan Barrett. Crowell, 1972.（水彩畫的人物增添不少神秘的色彩。）

Beauty and the Beast. Retold by Marianna Mayer and illustrated by

Mercer Mayer. Four Winds, 1978. （細膩的色彩、豐富的插圖，替故事增添了不少的魅力。）

Beauty and the Beast. Retold and illustrated by Warwick Hutton.Atheneum, 1985. （這些水彩畫的插圖是以沈靜的風格所繪出的。）

相關資料

"Sequel." Written by Sara Henderson Hay. From Story Hour. Doubleday, 1963. （美麗和她的丈夫過著幸福美滿的日子，並一起談論從前美好的回憶。）

愚人與飛行船

A RUSSIAN TALE

故事大意 ─────〜〜〜─

　　沙皇宣布説如果有人能帶一艘飛行船來給他，他就願意將自己的女兒嫁給他。一個農夫的家裡有三個兒子，其中兩位較年長的兒子決定動身前往，試試看他們的運氣，但卻再也沒有人聽到他們的下落。最小的兒子於是決定，即使所有人都取笑他，他還是決定要去挑戰看看。在一位年老的智者及一些朋友的幫助之下，愚人終於達到他的目標，娶得公主為妻。

單人默劇活動

單人默劇

- 你是那個愚人，此時你正跟年長的老人坐在一起。他要求你將母親為你準備的行李打開，並和他分享你的食物，但你並不願這樣做，因為你對你袋子裡粗劣的食物感到難為情。當你發覺精緻的食物竟然奇蹟似地出現在袋子裡時，你感到十分驚訝。當我慢慢地數到五時，請表演出你看到這些轉變的表情。

轉化

- 你現在是一根木頭，當我數到十的時候，請你慢慢轉化成一位高壯的士兵。

單人應答活動

🏵 單獨應答

- 你是沙皇。你爲何如此熱切地想要一艘飛行船，甚至願意以你的女兒作爲交換條件？
- 妳是公主。對於嫁給一位發明飛行船的男人妳有什麼看法呢？那是妳心目中的好丈夫嗎？
- 愚人看著他的哥哥們出發也想和他們一起去，不管他母親如何的嘲笑。他一再地說：「我一定要去！」你是愚人。你可以用幾種不同的方式說這句話。（除了變化語調外，孩子們可能也想要用手勢強調他們所説的話。）
- 你是愚人的母親。你是不是被什麼事情絆住了，使得妳無法替妳最小的兒子送行？現在他娶了沙皇的女兒，妳的想法如何呢？
- 你是提供愚人珍貴消息的老人。你爲何願意告訴他這個消息？爲什麼你自己不搶先一步得到那艘船，去娶沙皇的女兒呢？
- 你是那個耳朵貼到地上的人，「聽聽世界上所有正在發生的事情。」告訴我們你所聽到的某一件事。

- 那兩位聰明的哥哥自從出發去冒險後就再也沒有下落。你有聽說過他們可能發生什麼事嗎？告訴我們你是誰，以及你聽到了什麼消息。
- 當愚人和他飛行船上的旅客抵達沙皇的皇宮後，他們開始坐下來說笑話。假如你是其中一位旅客，你會說什麼笑話？謎語也可以。

雙人及小組默劇活動

建構空間

- 建構一個愚人和他家人所居住的農舍，裡頭可能會有什麼樣的傢俱或擺設呢？
- 愚人和他的新婚妻子想要乘著飛行船去冒險。假設你是他們的僕人，你會為他們準備什麼隨身物品呢？這些東西可能包括食物、衣物以及任何他們認為在旅途上不可或缺的奢侈品。

❀ 靜止的畫面

- 由愚人的家庭相簿來創作一個靜止的畫面，以呈現出這個家庭的一些家庭活動或情況。請凸顯出愚人總是處在最不被注意的地位。（例如：在某人後面，被東西擋到，或在窗簾後窺視。）
- （一組十人）布置一張結婚照片，上面包括愚人和沙皇的女兒以及愚人的朋友（年長的老人、傾聽者、急驚風、神射手、愛吃鬼、大酒徒、稻草人，以及樵夫），讓我們能清楚地知道誰是誰。
- 布置你在這故事中最喜歡的一些景的一些靜止畫面。

❀ 數數／停格默劇

- 扮演愚人的其中一個朋友，做著與他獨特性格相符的事情。我們會試著猜猜你是誰。

雙人及小組應答活動

訪談小組

- （六人一組）小組成員由愚人帶到飛行船上的旅客（年長的老人、傾聽者、急驚風、神射手、愛吃鬼、大酒徒、稻草人，以及樵夫）所組成。他們都具有觀眾們好奇之處、有趣性格及技藝。可能被問到的一些問題有：你是如何獲得你的技藝的？你曾經在什麼特殊的狀況下發現你的特殊技藝是有用處的？也可對每一個人發問特定的問題。

- （六人一組）每個小組成員都當年長的老人。可能被問到的一些問題有：當你遇到愚人時你正要往哪裡去？愚人他袋子裡發現的美食是你變的嗎？你如何知道製造飛行船的秘密？在你幫了愚人之後你去哪了？你為何告訴他要把沿途遇到的每個人都帶上來？

專家

- 你們是目前正建造飛行船的專家。觀眾們是一群對購買飛行船有興趣的消費者。有些人可能不僅只想買一艘飛行船。

即興表演的景

- （三人一組）愚人娶了沙皇的女兒後，他的父母親急於想再見到愚人，於是他們趕到皇宮裝作很關心愚人的樣子。愚人不忍心揭穿他們，於是也裝成很親密的樣子。讓我們看看愚人的父母爲了討好愚人而會表現出什麼樣的行爲？順便聽聽看他們之間可能會出現的對話？

我是誰？

- 假裝你是愚人的其中一位朋友，讓我們猜猜你是誰。（六人一組或七人一組，如果你把年長的老人算進去的話。讓小組成員繪製代表他們身分的卡片。對年紀較大的學生而言，你可能會讓觀眾對所有小組成員問問題，接著停止發問後，請觀眾猜出所扮演的角色。負責猜的人可以以團隊合作的方式解決問題。）

引導者的角色扮演

- （你扮演愚人派來的使者）我的主人派我來向您請教一些問題的解決之道。事情是這樣的，現在他所有的朋友都住在皇宮裡，當他們覺得無聊時會想賣弄他們特殊的技藝。但是愛吃鬼及大酒徒快要把食物吃光了；神射手在鄰近的國家到處亂射；急驚風到處製造交通問題；稻草人在他所到之處製造寒冷的天氣；而樵夫的士兵們占滿了整座皇宮。沙皇對這樣的情形是越來越沒耐心了。我的主人如何在不得罪他朋友的前提下，讓他所有的朋友停止這些胡鬧的行為呢？我想要跟你討論這個情形，並知道你的想法如何。但現在我有別的事情要處理，稍後我會回來聽聽看你的建議。

✿ 相關活動

- 選一首快樂的曲子好讓愚人在出發探險的時候可以一面唱，一面欣賞綠樹及藍天。或者，把一首老歌改寫成新歌詞。（可用"The Happy Wanderer"這首。）
- 為愚人及年長的老人寫一首歌，讓他們在共享食物及飲料的時候快樂地合唱。
- 列出在飛行船上適合唱的歌曲；或為愚人及他的乘客寫一首新歌。
- 用輕質木材或硬紙板的紙盒建造一個飛行船的模型。或繪製飛行船的造型，由不同的角度呈現它並且標出所有必要的部分。
- 愚人的父母親為了他們過去對待他的方式寫了一封道歉的信以表示歉意，並請求到他的皇宮一遊。這封信會是如何措詞的呢？
- 愚人回了一封信給他的雙親述說他的冒險過程。他還可能說些什麼？
- 寫一個有關愚人朋友的故事，敘述他的朋友如何在他娶了沙皇的女兒後，在另一個重要時刻幫助他度過難關？
- 寫一個有關愚人其中一位兄長的冒險過程。他可能和愚人一樣成功，或因爲面臨挫折而不幸失敗？（再一次，這些故事中有些可自行增添而更戲劇化。）
- 在愚人娶了沙皇的女兒之後，變得非常聰明，以至於所有大臣爭相傳頌他所做的每件事。請列出一些愚人所做所說的，而且值得傳頌的事。

選薦繪本

The Fool of the World and the Flying Ship. Retold by Arthur Ransome and illustrated by Uri Shulevitz. Farrar, Straus and Giroux, 1968. （這個版本是目前這個故事中唯一的繪本，也曾獲考德卡特獎。）

其他資料

Favorite Tales Told in Russia. Retold by Virginia Haviland and illustrated by Herbert Danska. Little, Brown, 1961.

Tales from Central Russia. Retold by James Riordan and illustrated by Krystyna Turska. Kestrel, 1976.

變成國王的快樂裁縫師

A POLISH TALE

故事大意

　　吉普賽人對一個很快樂的瘦裁縫師預言，如果他朝西方走的話，他將會成為國王，於是裁縫師開始了他的旅程。在稻草人的幫助之下，他得以嚇走狗及惡棍，一直到他抵達帕卡諾的一個雨水豐沛的城市。他藉著把天空的洞縫起來解決了多雨的問題，並得以娶國王的女兒做為報償。

單人默劇活動

單人默劇

- 你是尼得卡，最瘦的裁縫師。聽說你瘦到可以穿過你自己針上的針孔。可不可以請你表演你是如何辦到的呢？
- 裁縫師只吃麵，因為那是唯一可以通過他喉嚨的食物。你可能一次只能吃一條，而它們將必須以整條的長度進入你口中。當我數到三時，讓我們看你那樣做，數一下吃三根麵條。
- 你是快樂的裁縫師會見的貴族。你正在火爐旁取暖，一次又一次加上炭火。表演出你如何做這件事情，以及作這件事時是多麼令你感到快樂，因為事實上你是一個惡棍。

旁述默劇

- 你是那個稻草人。雖然你是由稻草做成，並用棍子當手和腳，但你仍以極高的尊嚴走著。讓我們看看你走過田野的樣子。現在有一群狗向你這邊走來，你取下一條腿拋向牠們想把牠們嚇走。你撿回你的腳，然後再把它綁回身上，繼續趕你的路。多麼勇敢的稻草人啊！
- 你是拯救城鎮免於洪水的裁縫師。小心地一次拿起你的一百

根針及你的熨斗。把稻草人托住的巨大線軸上的線穿到一根
針上。爬上長梯直到你到達天上。你縫了兩天，針一根接一
根地被磨壞。你的手指變得僵硬，而且你已經很累了，但你
並不停止。終於，洞被補了起來，接著你用熨斗小心地把它
燙平。現在你可以爬下來了。你坐在梯子底下，極度虛脫但
也相當滿意你的成果。

單人應答活動

單獨應答

- 你是砍斷自己腿的吉普賽人。告訴我們意外是怎麼發生的？
  以及當尼得卡很小心的縫合你的傷口時，你幾乎看不出傷痕，
  那時候你的感覺是什麼？你能不能也告訴我們你如何知道他
  將會成為國王？
- 你是那個老人，你告訴裁縫師西方一定是太陽日落的地方。
  你能告訴我們你是如何知道的呢？在你人生的一百零六年中
  你還學到什麼智慧可以和我們分享的呢？
- 你是住在會走動房子家中的女兒。讓我們聽她的笑聲，聽起
  來有如馬兒在草地上嘶叫的聲音。她也像馬兒一樣把她的頭
  往後甩嗎？
- 你是會走動房子家庭的廚師。當你蒐集材料及準備食物時遭

遇什麼困難？你還做了什麼其他的特製品？

- 當尼得卡突然知道天空中的洞是如何形成的時候，他「就像一隻山羊高興地大聲咩咩叫」。那聲音聽起來像什麼呢？

- 裁縫師國王命令你──稻草人，當王國的偉大看守人。你的工作是趕走國王頭上的麻雀。將你的工作情形告訴我們。你一天的工作會是什麼樣子？

雙人及小組默劇活動

即興表演的默劇

- 當尼得卡招呼某人時，他鞠躬並上下跳三次，因為這種方式是他所認為有教養的紳士所應該做的。兩人一組，一個當尼得卡招呼另一個有教養的人。

- 裁縫師縫補稻草人的衣服，使他看起來整潔又帥氣。讓我們看看他如何縫補，記得裁縫師所會的縫補技術。

- 住在會走動房子的家庭，邀請稻草人及尼得卡與他們共享一頓大餐，有塗黑醬汁的老鼠、烤蝗蟲、龍蝦寄生蟲拌著像起司的麵，以及超過保存期限已經壞了的蛋。這家人非常享受這頓大餐，但稻草人及尼得卡只能一面假裝吃東西一面把食物丟到桌下。表演這幕景，包括那個看起來很怪的侍者。別忘了稻草人及裁縫師在大餐進行的時候變得越來越害怕。當主人宣布說帕卡諾的國王駕崩時此景落幕。（每一組指派五到八個學生。你可在黑板上依照順序列出那些被供應的菜名。）

🎴 鏡子遊戲

* 在假日的時候，裁縫師將他那一百三十六根毛髮的山羊鬍綁成辮子。假裝現在是假日，而你正在鏡子前面那樣做。要確定沒遺留任何毛髮。

🎴 建構空間

* 我們知道會走動房子的家庭總感到很冷。他們在夏天有熾烈的火，吃燃著的木炭，並坐在裝滿灼熱炭火的鐵鍋上。為他們建一間房子，確保房子內每件東西能幫助他們維持溫暖。
* （六人一組）設計那個會走路的房子的模樣。並表演出它在森林裡如何跳舞。（播放 Shostakovitch 活潑的音樂。）
* （四人一組）你們是鎮上的人民，請你們把鎮上所有梯子都聚集起來。接著把它們都綁起來，然後將巨大的梯子倚在天空。（先讓小組成員討論他們的計畫，然後以默劇的形態表演出來。）

雙人及小組應答活動

🎴 引導者的角色扮演

- （你扮演裁縫師）我住在帕卡諾城上的朋友，大家好。你們
  要我幫你們止住雨勢，但我需要知道問題有多嚴重，以及你
  們為了止住雨勢所採取過的措施。誰想先說說看？（接著說
  你需要幾天的時間想一個你自己的計畫來結束這一幕。）

🎴 辯論

- 帕卡諾城上的居民們注意到自從裁縫師把天空上的洞補起來
  後，他們鎮上就一直沒下雨。在他們城市中的花啦，樹木啦，
  以及花園都乾枯了。他們向新國王及他的顧問們抱怨，但國
  王及顧問們認為在持續的陽光照射下城鎮一切都很好。雙方
  面有什麼理由可以提出來解釋他們的觀點是對的？

🎴 訪談

- 快樂的裁縫師被一位記者採訪，他想知道他成為國王所具有
  的資格。他未來能為帕卡諾的人民做什麼？

- 設想在快樂的裁縫師變成國王之後，他派人把預測他命運的吉普賽人請來。他要求她再次預測他的未來。這次她會告訴他什麼，並且他會對這樣的消息做出什麼反應呢？（雙人一組做此練習。）

專家

- 帕卡諾這個城鎮以擁有為山羊釘鐵蹄的鐵匠而聞名。即使是鎮長，他也是騎釘了鐵蹄的山羊。讓我們組成一個鐵匠專題討論小組告訴我們有關這行業更多的東西。

相關活動

- 我們還可找到其他什麼有關裁縫師的故事？
- 裁縫師和稻草人變成好朋友。如果他們想要寫一些關於他們友誼的故事，他們會寫些什麼？
- 稻草人想要結婚。寫一篇有關他如何找到一位合適伴侶的故事。他的朋友——裁縫師國王有幫他任何忙嗎？
- 既然稻草人在政府中擔任王國中的偉大看守人，承擔這責任重大的職位，他可能需要一套與他的工作搭配的體面制服。請幫他設計及繪製一套合適的制服。
- 研究裁縫這項職業。所得的資訊如何幫助我們了解尼得卡的性格？

選薦資料

Favorite Fairy Tales Told in Poland. Retold by Virginia Haviland and illustrated by Felix Hoffman. Little, Brown, 1963.

The Jolly Tailor and Other Fairy Tales. Translated from the Polish by Lucia Merecka Borski and Kate B. Miller and illustrated by Kazimir Klepacki. Longmans, 1928, 1956.

夜鶯

HANS CHRISTIAN ANDERSEN

故事大意 ———WW—

　　有位中國皇帝發現了一隻小夜鶯。牠優美的歌聲十分吸引人，令所有聽到其歌聲的人感動落淚。於是皇帝下令把小夜鶯帶進宮中，讓牠在皇宮裡唱歌給所有人聽。之後，日本天皇送來一隻鑲有珠寶的機械鳥。這隻機械鳥奪走宮裡所有人的寵愛，於是小夜鶯只好飛返森林裡。經過一段時間，機械鳥壽終正寢，就算經過修復，一年也只能表演一次。不久之後，皇帝生了一場重病，臥病在床奄奄一息。小夜鶯回到宮中唱歌安慰他，拯救了皇帝，並答應只要皇帝讓牠自由飛返森林，牠願意回宮中獻唱。

單人默劇活動

單人默劇

- 皇宮裡的人都忙著準備迎接小夜鶯的到來。有很多東西需要清洗、上蠟，大家忙裡忙外四處奔波。你會負責做什麼特別的工作呢？你怎樣把工作做好？要記得皇宮裡所有的東西都是非常精緻的易碎物品。當我播放音樂時，你就開始快速、有效率且小心地進行工作。
- 你是一位音樂大師，用中文為機械鳥譜寫歌曲。你的動作要十分敏捷才能如期完成工作。當我播放音樂時，你開始很興奮地介紹這隻特別的鳥兒。（播放節奏快的音樂或用快轉播放音樂。）

旁述默劇

- 你是那位臥病在床的皇帝。死亡像是壓住胸口的重物，讓你無法呼吸。小夜鶯帶來了幾首安慰的歌曲，胸口上的重物逐漸減輕。血液流經血管，為虛弱的身體注入一股新的生命力。慢慢地，你開始恢復體力，從床上起身，準備迎接新的一天。

單獨應答活動

 **單獨應答**

- （你以皇帝僕人的身份應答。）所有聽過小夜鶯唱歌的人都
  說，牠的歌聲是他們所聽過最悅耳的聲音。皇宮廚房裡的女
  僕說小夜鶯的歌聲彷彿母親的吻，令她感動落淚。假設你已
  聽過小夜鶯唱歌，你會如何描述牠的歌聲？
- 以音樂大師的身分，解析小夜鶯歌聲與機械夜鶯歌聲的不同。
- 小夜鶯，你為何在機械鳥來到宮中後，就離開了？你上哪兒
  去了呢？為什麼要到那個地方去呢？你又怎麼知道皇帝生命
  垂危，需要你的協助？
- 你是那位送機械鳥給中國皇帝的日本天皇。你為什麼送機械
  鳥給中國的皇帝，並且附上一張寫有「中國皇帝的夜鶯比不
  上日本天皇的機械夜鶯」的短箋？
- 你是那位修復機械夜鶯的鐘錶匠。你可以告訴我們它出了什
  麼毛病嗎？你是怎樣把它修復的？還有，它現在的狀況如何？
- 小夜鶯藉由歌唱帶給皇帝許多東西——如歡樂與關懷。實際
  上，只要皇帝不對外透露，小夜鶯就可以自由地進出皇宮，
  並告訴皇帝牠看到的所有事情。一隻微不足道的鳥兒知道些
  什麼呢？有些事是每天身處宮中的皇帝所不知道的，所無法

感受到的。你是小夜鶯。告訴我們你跟皇帝說了些什麼。

雙人及團體默劇活動

拔河比賽

• 皇帝所行的一切善惡相互對抗。

靜止的畫面

• 皇帝和皇宮所有的人正在欣賞小夜鶯一流的演出。運用你的肢體語言與面部表情，展現你聽到小夜鶯優美歌聲時的感受。（六人一組）
• 選擇你最喜愛的場景來作表演。

即興表演的默劇

• 我們一塊兒來瞧瞧小夜鶯與隨從外出的情景。別忘了小夜鶯腿上所繫的緞帶。演出你認為他們外出所到的地方，以及外出時所發生的事情，或是返宮後大家做了些什麼事？（七人一組）
• 演出死亡逐漸逼近垂死皇帝的情景。皇帝所行的一切善惡變成臉譜，一一呈現在皇帝的房門口。別忘了臉譜有良善、邪惡之分。演出皇帝看到臉譜後的表情與動作。之後，小夜鶯為皇帝唱了幾首充滿關懷與希望的歌曲，皇帝的狀況開始好轉，死亡與善惡行為的臉譜於是逐漸遠離。（一組八個人，分別飾演皇帝、死亡，和三種善、三種惡的行為。死亡以及善惡行為最好以慢動作演出。除了模仿小夜鶯的叫聲，也可以在每個角色出場時，製造一些特別的音效。演出全程播放節奏慢的音樂。）

機械式的動作

• 假設皇帝對於機械夜鶯十分讚賞，下令製造一個更大型的機械夜鶯。六人一組，展現各組對機械夜鶯造型的創意。模擬鳥兒的姿態，隨著音樂擺動身體。（播放機械音效，或讓學生自行製造默劇的音效。）

雙人及團體應答活動

音效

• 皇帝花園裡的花十分美麗，而且每朵花上面都繫上了銀色的鈴鐺。每當人們走過花園，花朵上的鈴鐺便會不斷地發出悅耳的鈴鐺聲，頗引人注目。我們要製造這樣的鈴鐺音效。首先有一陣微風吹過，銀色的鈴鐺開始發出聲響。（可以用嘴巴發出微風的聲音；至於鈴鐺的聲音，可能就需要借助道具來製造音效。用教室裡現成的物品作試驗，來製造音效。）

口語表達

- （把全班分成五組。）夜鶯的歌聲開始成為一種流行，宮中的朝臣在嘴巴裡含著水，試著發出小夜鶯的叫聲。朝臣發出類似小夜鶯所發出的動人歌聲。當我叫到你們的組別號碼時，請你們全組飾演宮中朝臣，發出一小段模仿夜鶯的叫聲。（小朋友可能會認為他們需要嘴巴含水來飾演宮中朝臣，教師可以要求他們作高難度的嘗試，以想像的方式來完成這個活動。況且，任何人只要嘴巴含水都能辦到，只有實力派演員才能僅以想像的方式作表演！）

- 當朝臣發現小夜鶯飛離皇宮時，他們對小夜鶯的忘恩負義感到不悅。他們可能會說些什麼？（五人一組。）

- （四人一組）皇帝所行的一切善惡，一個接著一個，出現在他耳際，不斷地提醒他自己過去的所作所為。做一張善惡行為表，以一善一惡交錯的方式一一列出。每一行只記錄一則行為。當我叫到你的組別號碼時，請全組組員輪流以耳語的方式說出一種行為。（帶動氣氛，鼓勵孩子一個緊接著一個，說出一種行為。也可運用加強聲量的方式，來帶動緊張的氣氛。如果你演的是死神，當善或惡行說話的時候，你可以以點頭的方式，認同他所説的話。）

- （做完上面的活動，仍然維持四人一組。）當皇帝所行的一切善惡，一個接著一個，不斷地提醒他自己過去的所做所爲時，皇帝試著以自己的想法阻止這些聲音的干擾。寫出皇帝心中可能的想法。也是一樣，每一行只列出一個想法。當我叫到你的組別號碼時，請你扮演皇帝，大聲地説出來。

辯論

- （做完上述的活動後，改爲五人一組。）這一次，二個人演良善的行爲、另外二個人演邪惡的行爲，最後一個人飾演皇帝。當我指到你們那一組時，善惡行爲開始告訴皇帝一些他不想聽到的事情，而皇帝也同時設法用自己的想法，讓善惡行爲安靜下來。

- 機械夜鶯損壞後，皇帝召見他的私人醫師來替機械夜鶯檢查。皇帝感到很煩惱，他認爲醫師是全國少數的精英分子，應該可以修好人造夜鶯；於是醫師必須費功夫説服皇帝他們無能爲力，皇帝必須另請高明。（三人一組）

- 中國境內有一些人認爲小夜鶯擁有世上最美的聲音；其他人則認爲機械夜鶯也有許多優點。他們各會提出什麼樣的理由？（將全班分爲兩組。教師扮演立場中立的主持人，不偏袒任何一方。）

🎛 音效默劇搭配

- （兩人一組）鑲有珠寶的機械夜鶯，就像一個上發條的玩具，會演唱華爾滋。兩人之中，一個人扮演機械夜鶯，另外一個人負責唱歌。上發條的玩具通常一開始會轉得很快，之後發條鬆了就開始變慢，有時候歌曲只唱了一半就停下來了。策畫時，要考慮到這一點。
- 重複一次上述的演出，不過這一次機械夜鶯唱到一半就完全損壞。

🎛 引導者的角色扮演

- （你飾演在皇帝身旁等候的紳士。）大臣們，我早已下令請你們選一樣適當的禮物，好讓我回送給日本天皇，作為他送我鑲有珠寶的機械夜鶯的回報。這會是一項棘手的任務。這樣的禮物必須與日本天皇所送的禮物平分秋色才行。不管送什麼，都不能冒犯對方。全國上下就仰賴你們打點送禮的事宜，希望也能藉此給國家爭點光。我待會兒再回來聽聽你們的意見。（五人一組。）
- （你扮演一位宮廷官員。）大家都知道，我們所敬愛的皇帝現在正在與死神搏鬥。我們一塊兒來懷念他所做過的，值得我們懷念的各項事蹟。每個人輪流說出一項對他印象最深刻的一件事。有誰要先開始講？

- （你扮演一位宮廷官員。）我親愛的宮廷官員們，我以很悲傷的心情告訴大家，皇帝的病情很不樂觀。在我們為皇帝即將病逝感到悲傷失落的同時，我們也要開始為未來做打算。不久之後，我們就要選出一位新的皇帝，所以我們要趕緊想出未來統治者所需具備的各項資格。請大家一起討論，列出你們認為新皇帝應具備的資格，並且依重要性排列出其先後順序。我待會兒再回來聽聽你們的意見。

相關活動

- 鑲有珠寶的夜鶯被大家認定為比小夜鶯更出色，所以小夜鶯後來就被逐出皇宮。在小組裡，每位組員都是皇帝的臣子，請寫出驅逐小夜鶯的法令。寫完後，請大聲地朗讀給全班聽。
- 中國的皇帝最初從詩及書中的記載，得知有小夜鶯的存在。準備有關歌頌小夜鶯的詩或記載。選用詩或者是描述有關鳥的書籍皆可。
- 雖然這不是一個中國民間故事，請就故事中所提及的部分，研究相關的中國習俗與文化。當然要將中國文化與習俗注入戲劇演出中。
- 假設故事裡的皇帝已經駕崩。將會舉行怎樣的葬禮？這個葬禮與我們一般熟悉的葬禮有何異同？（小朋友可能會想要把皇帝的葬禮改編為一齣劇。）
- 研究一下中國字的字體與象形字。創造你自己的象形字。

- 假裝你是一位音樂大師，憑著你對小夜鶯的印象，寫一首詞。在詞中加入一些你自創的象形字。
- 製作良善與邪惡行為的面具。（在厚的紙盤上黏上冰棒棍，當做握柄。）
- 設計一個可以作為皇宮花園的道具，擺上許多圖畫與造景。
- 欣賞有鳥叫聲的音樂帶。比較一下夜鶯與其他鳥兒的歌聲。

選薦繪本

The Emperor and the Nightingale Adapeted by Joel Tuber and illustrated by Robert Van Nutt. Rabbit Ears, 1988.（色彩豐富與細膩的插圖捕捉了整個故事的重心。）

Hans Chrisian Andersrn's The Nightingale. Translated by Eva Le Gallienne and illustrated by Nancy Ekholm Burkert. Harper, 1965. （背景呈現出故事美麗的風貌，且採用如瓷器般細膩的人物畫法。）

The Nightingale. Translated by Naomi Lewis and illustrated by Josef Palacek. North-South, 1990.（寶石般亮麗的畫法強調故事中強烈的情感表現。）

The Nightingale. Translated by Anthea Bell; illustrated by Lisbeth Zwerger. Picturebook Studio, 1984.（使用淡淡的藍灰色、灰褐色，將故事塑造出一種虛無縹緲的感覺。）

魔笛

ROBERT BROWNING

故事大意

　　當漢姆林鎮上老鼠氾濫時，一個奇怪的陌生人自告奮
勇要替鎮民除掉老鼠，並索價一千基爾德。藉著他的笛子，
吹奏出讓人縈繞於心頭的音樂，他把老鼠誘騙到河裡溺死。
但當鎮民拒絕付錢給這個吹笛者時，他誘使所有的孩子們
通過山上一扇具有魔力的門而永遠地消失了。一個跛腳的
孩子，因為跟不上其他小孩子，就留下來說出這個故事。

單人默劇活動

❀ 單人默劇

- 漢姆林鎮上到處都是老鼠。你是一位居民試著做你的日常工作，但每當你一轉身就會遇到老鼠。當你用手勢表演出你一天所做的三樣工作時，至少有一隻老鼠會以某種方式打擾你。當我搖鈴的時候，請你開始工作。並表現出發現老鼠的時候，害怕地保持靜止。（做三次）
- 你是穿著花色衣服的吹笛者，此時你正吹笛子給老鼠聽，你覺得很自豪，因為你這項神秘的魅力將為你帶來一千基爾德。現在扮演穿花衣服的吹笛者吹你的笛子給小孩聽，顯露出為了報復城市官員對待你的方式，所表現出來的復仇情感。

單人應答活動

❀ 單獨應答

- 假裝你是那隻倖存的老鼠或者是那個被遺留在後的跛腳小孩。

為我們描述當時被吹笛者的笛聲所吸引的時候是什麼樣的感覺。音樂會告訴你，如果你跟著它，你將會發現什麼。

- 你是市長。告訴我們，你覺得如果老鼠一下子跑光了好嗎？你會責怪誰？
- 你是吹笛者。你如何聽說城鎮所遇到的麻煩？那時候你人在哪裡，還有你在做什麼？

雙人及小組默劇活動

靜止的畫面

- 老鼠溺死在魏斯河中。
- 孩子們高興地跟著穿花衣服的吹笛者。
- 家長們絕望地試著要穿過有牆的山來救回他們遺失的小孩。

雙人及小組應答活動

引導者的角色扮演

- （你當市長）謝謝你們今天的光臨。各位知道我們目前所面臨的困難，而且我們迫切需要你的專業服務。我想要你們以五人一組的方式詳盡闡述出消滅老鼠的一些方法（例如，化學戰、設計各種的老鼠陷阱）。我需要參加會議商討其他事務，但我會馬上回來。到時候你們將要選出你們小組的最佳意見來解釋並示範。（你也可以規定只有對環境安全有益的解決之道才可被會議接受）

- 分成小組，扮演市長及市政府的公關小組。穿花衣服的吹笛者已經復仇了，你必須寫出並遞送一份由市政府發給新聞媒體的官方聲明，作為市政府官員們對市民們的交代。（你扮演市長）

- 文中提到在孩子們被帶走之後，一條街道被命名為：穿花衣服的吹笛者之街；這個故事在報紙專欄中被披露；而且一間教堂的窗戶雕畫出此事件。這些孩子們還可能以什麼其他的方式被紀念？分成小組討論你如何追悼這些走失的孩子，並演出你的追悼儀式。（可準備一些材料來建造紀念花圈、匾額，或其他紀念物。也可在儀式中播放適當的音樂。在劇中，你被安排當市長）

音效

- 「老鼠發出五十個不同的尖銳聲音及降半音」，當我給你提示時，讓我們聽聽這些老鼠的聲音。（分成小組來做。如果可行的話，一次合併一個小組）

- 當穿花衣服的吹笛者吹奏他的音樂給老鼠聽時，這時候聽起

來就像一支軍隊的兵士在低聲嘀咕著；而嘀咕聲慢慢變成咕
噥聲；咕噥聲又變成強大的轟隆聲……重新創造這些聲音，
逐漸增強成巨大的轟隆聲。（以一些小孩子作開頭，然後增
加音量來產生逐漸增強的強度。這應該是一種感人的、低沈
的轟隆聲而非巨大的聲響。）

- 當穿花衣服的吹笛者吹奏他的音樂給小孩們聽時，聲音裡有
  沙沙聲和奔忙的聲音，走動的腳所發出的啪嗒啪嗒聲，木製
  鞋子的噹啷聲，小手掌拍手聲，以及小舌頭講話聲。在你們
  的小組中，你們將負責發出一種我指定給你們的聲音。第一
  組先開始，然後其他組在我指到你時加入直到你們都一起發
  出聲音。

訪談

- 市長會見了神秘穿花衣服的吹笛者。工作性質是什麼？必須
  具有什麼資格、推薦函，及先前的工作經驗呢？當你們達成
  協議時握握手。（可雙人演出，或者引導者可扮演市長。）
- （雙人一組。）你們是兩位倖存者，跛腳的孩子和那一隻老
  鼠。比較你們被穿花衣服的吹笛者魅惑的經驗，它的相似處
  及差異處——如音樂的聲音、它吸引你過來的方式，等等。
  （最後這些可以寫下來並與全班同學討論。）

辯論

- 班上一半的同學當漢姆林鎮的鎮民，他們向市長及市政府官員們（另一半的同學）湧來，並責罵他們愚蠢地花掉大量的金錢卻對老鼠沒輒。市長及市政府官員們試著為他們的行為及錢的花費辯護。（你可當秘書做記錄）
- 在穿花衣服的吹笛者復仇之後，孩子們的家長們會見市長及市政府官員們，並要求吹笛者應該被支付酬勞，如此孩子們才能順利地被放回來。官員們試著為他們自己辯解，並安撫家長們。（把全班分成兩半；你扮演城鎮秘書的角色做記錄。）
- 孩子們已消失一段時間了。很多家長及親戚們仍為他們哀悼；而其他人開始想到住在一個沒有孩童的社區的好處。兩邊討論看看這議題的正面及反面。

相關活動

- 在其他資料中你能找到有關這個傳奇故事的什麼訊息？蒐集意見並比較它們。哪一個聽起來是最可信的解釋？
- 穿花衣服的吹笛者所吹奏出來的曲調告訴孩子們，在山上的那扇門的門口會看到令人愉悅的景色，請把它畫出來。
- 在老鼠的日記上描述那天她逃出，而她所有的夥伴們卻都溺死在魏斯河中的情形。

- 想想看這個措詞：「付錢給吹笛者」或「付給吹笛者所應得的錢」。那各是什麼意思？
- 編造城鎮的金融總帳，在穿花衣服的吹笛者來訪前、中、後。它告訴我們什麼故事？

選薦繪本

The Pied Piper of Hamelin. Written by Robert Browning and illustrated by Anatoly lvanov. Lothrup, Lee and Shepard, 1986.（這本翻譯作品有著豐富的色彩和詳細的內容，令人印象深刻。）

The Pied Piper of Hamelin. Retold by Sara and Stephen Corrin and illustrated by Errol LeCain. Harcourt, Brace, 1989.（鄉土且細膩的插圖，強調了每一張富含表情的臉。）

The Pied Piper of Hamelin. Retold and illustrated by Mercer Mayer. Macmillan, 1987.（這些插圖引領出不同層面的觀感，他們引導出沈重的感覺。而有別於其他版本的是，這個版本的吹笛者將孩童帶進一個較好較快樂的世界。）

The Pied Piper of Hamelin. Retold and illustrated by Tony Ross. Lothrop, Lee and Shepard, 1977.（快樂的結局和卡通式的插圖展現出不同以往的風格。）

尋找天神索爾的魔鎚

A NORSE MYTH

故事大意

　　天神索爾，是眾神之中最古怪的一位。他擁有法力無邊的魔鎚，可是很不幸的，龐大強壯的巨人迅偷走了他的魔鎚。地獄的主宰羅基，也就是這個事件最大的嫌疑犯，為了要證明自己的清白，所以叫迅認罪。迅對外宣稱，只要索爾把美麗的菲樂雅送來當他的新娘，他就會歸還魔鎚。喜歡開玩笑的羅基說服索爾男扮女裝，喬裝成菲樂雅以取回魔鎚。索爾最後極不情願地照著羅基的話去做，結果索爾不但取回他的魔鎚，並用魔鎚殺死了迅。

單人默劇活動

單人默劇

- 你是身穿魔法羽毛裝的羅基或菲樂雅,當音樂一響起,你就在空中飛翔。音樂結束時,你就停止飛行。(視空間大小而定,可以讓學生各自在課桌椅旁,或是移動桌椅挪出空位,分組演出在空中飛翔的情形。音樂方面可以播放華格納的 "Ride of the Valkyries"。)

旁述默劇

- 你是剛睡醒的雷神索爾。一邊打哈欠、伸懶腰,一邊伸手到雲枕下找尋你的寶貝魔鎚——米羅尼爾。不料,魔鎚居然不見了!當我數到五時(聲音慢慢地由小漸大),你開始發出足以驚動整個皇宮的怒吼聲。當我喊「停!」的時候,你雙手抱住頭,聚精會神地思考,該怎樣處理這件令你感到十分痛苦的事。(教師可以適時地在旁指導)
- 你是索爾,憤怒抓狂地在索瓦德漢雲海中尋找你的魔鎚。你仔細地搜尋每個角落,把雲枕拋向空中。可是魔鎚已經找不回來了。

- 你是假扮成菲樂雅的索爾，正享受著巨人為你擺設的宴席。臉上罩著面紗，你可以在面罩的掩蓋下，大口大口地吃下一整塊牛肉。接著你又吃掉主人為其他女賓客準備的八塊鮭魚肉、一整盤蛋糕及美味的肉食。最後，你喝下三桶巨人要喝的泡沫飲料，幫助吞嚥所有的食物。感謝老天，你終於吃飽喝足了。這時候，你為了避免因為打嗝而被揭穿自己的真面目，所以不敢大口吸氣！

- 你是迅，所以想丟擲魔鎚讓它發出如索爾丟擲時所產生的雷電。可是你的技巧不如索爾般熟練，結果釀成了一場暴風雨。當我從一數到五，每數一次你就丟一次魔鎚，共丟五次。你每次的丟法都不同，但就是沒有辦法像索爾般順利地丟擲。

- 你是穿著新娘禮服的索爾，正在練習步伐及坐姿以防絆倒出糗。你單手握住禮服，開始繞著椅子行走。接著，假裝要上六級的階梯，然後再走下來。之後，試著以優美的姿勢坐在椅子上。很可惜，我們並沒有太多時間練習。不過，我想應該不會有問題的。

單獨應答活動

單獨應答

- 你是迅。你能趁索爾熟睡時偷走他放在雲枕下的魔鎚，真是了不起。告訴我們你精彩的盜鎚經過。你是怎麼辦到的？

- 你是漢達爾，日夜不眠地守衛著通往眾神住處的彩虹橋入口。告訴我們你打算把索爾裝扮成菲樂雅的計畫。別忘了你說話的時候，會故意露出你個人十分引以為傲的金牙。

- 假設羅基幫索爾出了另一個餿主意，告訴索爾，請索爾送迅一支比魔鎚更好的鎚子。你是羅基。告訴我們這支新的鎚子看起來是什麼樣子，為什麼會比原來的魔鎚好呢？

- 你是迅，洋洋得意地發出一種你自認為與索爾一樣孔武有力的聲響。當羅基走近你的宮殿時，大聲地向他請安。

無噪音的聲音

- 你是羅基。如果你敢嘲笑索爾，他會要你好看。但整個事件的經過，又會讓你禁不住想捧腹大笑。我們一塊兒來感受一下，索爾一下子背對羅基，一會兒又轉身面對他的情景。你必須隨時屏息以待。（你可以在厚紙板上畫一張索爾的臉孔素描，便可以拿著厚紙板快速轉身，演出羅基隨時受到索爾注意的模樣。反覆練習三次。讓每一小組向全班演出他們對這一幕的詮釋。）

雙人及小組默劇活動

🌸 拔河比賽

- 假設挪威的眾神們與他們敵對的巨人族，正舉行一場拔河比賽。到底今天誰會贏？還是雙方以平手的局面收場？

🌸 建構空間

- 迅想利用他大批的金銀財寶，帶給新娘好印象。他召喚僕人把房子裝飾得十分豪華，好讓他炫耀自己的財產。他們可能會擺設些什麼東西？
- 你是掌廚的，在長型宴會桌上擺設婚禮上的宴客餐點。從你製作每道佳餚的最後準備手續，及上菜的模樣，我們可以試著去猜出每道菜餚的名稱。

🌸 字型默劇

- 拼出故事中每個角色的名字，要注意有些名字有數種不同的拼法（例如：菲樂雅與菲雅）。

靜止的畫面

* 設計三個靜止畫面。第一個靜止畫面中，索爾的第一次投擲，
  消滅了整個巨人族；索爾投擲三次以後，整座宮殿慘遭毀滅。
  （一組八、九或十個人。你可以以慢動作演出三個靜止畫面）

即興表演的默劇

* （四人一組）索爾被打扮成新娘的模樣。侍女們見到平日英
  勇的索爾，竟然委屈求全，男扮女裝，忍不住在背後開他玩
  笑，或偷笑他。不過，當侍女們上前為索爾梳粧打扮時，為
  了不冒犯索爾，她們會裝出一副嚴肅的樣子。首先，她們替
  索爾試裝、縫製衣裳；接著，替他的頭髮作造型；最後，幫
  他戴上面紗罩住臉。不過，索爾始終堅持要戴著他的鐵手套。

雙人及小組應答活動

口語表達

* 宴會桌旁的女巨人見到「新娘」的大食量後，都感到十分驚
  訝，新娘連女巨人的餐後甜點都不放過。她們開始竊竊私語，

擔心娶進這麼一位大食量的皇后以後，他們往後就得勒緊褲帶，少吃點兒了。她們可能會說些什麼呢？（四、五或六人一組。）

- 巨人國的人，對於迅為何會選擇這個新娘，都感到不解。他們對於迅為什麼不選自己族裡的女子為妻，感到十分好奇。他們想知道，他為什麼一定要娶異國的女子為妻？讓我們一起來聽聽看他們還討論了些什麼。（五人一組）
- 假設當索爾請他的妻子席芙幫忙找尋失落的魔鎚時，她就開始嘮叨地唸他總是丟三落四的。索爾和席芙在尋找魔鎚的過程中，他們還說了些什麼？

辯論

- 索爾宮中僕人的意見分歧。一半的人反對菲樂雅嫁給醜陋的巨人，從此居住在四季如冬的可怕國度——九昌國。另一半的人認為羅基的方法可以實現迅的願望，如此一來，索爾就可以拿回法力無邊的魔鎚，也才能對抗敵人保衛他們。我們來聽一小段辯論的過程。
- 宮中僕人的意見再一次分歧。一半的人認為索爾應該照羅基的計畫，假扮成新娘獨自前往；另一半的人則認為這個計畫不甚妥當。我們來聽一聽他們所提出的理由。

引導者的角色扮演

- （你來扮演索爾。）你很清楚我有一支對我及國家都相當重要的魔鎚。既然它被偷過一次，就有可能再度失竊。你能提供我一些保管上的建議嗎？（如果學生能了解索爾的身分地位、龐大的身軀，以及他與其他角色的關係，並加以表現，整個演出過程必定會更精彩。）

即興表演的景

- 我們來看看當索爾向羅基逼問有關盜竊魔鎚事件時的情景。羅基極力維護自己的清白，並且暗示迅才是主嫌。別忘了羅基的嘴巴因上一次過分惡作劇而受傷的傷口尚未痊癒，所以只能發出喃喃聲。
- 迅盡其所能地歡迎他的「新娘」，想讓她雖身處異鄉，也能感到自在。不過，他也開始對她的怪癖、食量、沈默寡言，以及面紗下若隱若現炯炯有神的雙眼感到疑惑。於是他向女儐相羅基問起有關她的行爲舉止。羅基必須試圖不讓迅發覺「新娘」與他自己的底細。他同時也要安撫表現十分不耐煩的索爾，以免過早被揭穿身分。讓我們稍微看一下這一幕的情景，也看看羅基自作自受的窘態。

🌀 我是誰？

• 想像自己是故事裡的眾神與巨人。

相關活動

• 閱讀其他關於索爾在魔鎚失竊前後所發生的冒險故事。讀過其他索爾的冒險故事後，你找到哪些東西可以幫助你更了解索爾在這個故事裡的性格？

• 羅基一直自認為自己是英雄。請試著從羅基的觀點來寫日記，記錄故事的經過。

• 索爾所駕的是一輛山羊拖曳的二輪戰車。戰車的車輪轉動時會發出雷電的聲音。當魔鎚飛回索爾的手中時，空中出現了一道閃電。其他神話中，有哪些記載了關於氣候等自然現象的民間信仰？

• 羅基答應索爾不會再提起有關他喬裝成新娘的事，但是故事一直流傳到今日。所以，到底是誰洩的密？寫一個故事描述一下故事是怎樣被流傳下來的。

• 索爾日已成為今日英文的星期四（Thursday）。星期四是怎樣從索爾日演變來的？你能找到哪些關於一星期中其他天由來的資料嗎？

相關資料

"The Quest of the Hammer." Written by Abbie Farwell Brown. From In the Days of Giants. Houghton Mifflin, 1902. From Stories to Dramatize by Winifred Ward. Anchorage, 1981.

"The Theft of Thor's Hammer." Written by Ingri and Edgar D'Aulaire. From D'Aulaires' Norse Gods and Giants. Doubleday, 1967.

參考書目

Best-Loved Folk-Tales of the World. Selected by Joanna Cole. Doubleday, 1982. Contains versions of twelve of the tales in this book.

The Brothers Grimm. Translated by Brian Alderson. Illustrated by Michael Foreman. Doubleday, 1978. Contains "Briar Rose," "Snow White," "Frog King," "Hansel and Gretel," and "Rumplestiltskin."

Cinderella and Other Tales from Perrault. Illustrated by Michael Hague. Henry Holt, 1989. Includes "Sleeping Beauty," "Cinderella," and "Little Red Riding Hood."

Into the Woods. Stephen Sondheim and James Lapine. Adapted and illustrated by Hudson Talbott. Crown, 1988. A retelling of the popular Broadway stage show in which the lives of fairy tale characters impact on one another. An intriguing blend of traditional and modern interpretations of the stories is presented.

The Jolly Postman. Janet and Allan Ahlberg. Little, Brown, 1986. A collection of imaginative letters sent to and from people in favorite tales. The pages are envelopes with facsimiles of letters tucked inside. Stories referred to include "Cinderella," "The Three Bears," "Jack and the Beanstalk," "Hansel and Gretel," and "Little Red Riding Hood."

The Riverside Anthology of Children's Literature. Sixth edition. Edited by Judith Saltman. Houghton Mifflin, 1985. All the stories used in this book may be found in this anthology.

Roald Dahl's Revolting Rhymes. Roald Dahl. Illustrated by Quentin Blake. Knopf, 1983. Favorite fairy tales retold with humor, brashness, and even some violence.

Stories to Dramatize. Edited by Winifred Ward. Anchorage, 1981. Includes "The Three Billy Goats Gruff," "Goldilocks and the Three Bears," "Cinderella," "Rumplestiltskin," "The Sleeping Beauty," "Snow White and the Seven Dwarfs," and "The Quest of the Hammer."

Story Hour. Sara Henderson Hay. Illustrated by Jim McMollan. Doubleday, 1963. A collection of poems that give new and rather sophisticated interpretations and insights into the folktales.

The Three Princesses: Cinderella, Sleeping Beauty, Snow White. Compiled by Cooper Edens. Bantam, 1991. Includes notes on the historical background of the stories as well as selected illustrations from many classical editions of the past one hundred and twenty five years.

國家圖書館出版品預行編目（CIP）資料

即興表演家喻戶曉的故事：戲劇與語文教學的融合／
Ruth Beall Heinig 著；陳仁富譯.
--初版.--臺北市：心理, 2001（民 90）
面； 公分.--（幼兒教育系列；51052）
參考書目：面
譯自：Improvisation with favorite tales: integrating drama
into the reading/writing classroom
ISBN 978-957-702-458-9（平裝）

1.兒童戲劇—教學法 2.童話—教學法 3.小學教育—教學法

523.31 90014217

幼兒教育系列 51052

即興表演家喻戶曉的故事：戲劇與語文教學的融合

作 者：Ruth Beall Heinig

譯 者：陳仁富

總 編 輯：林敬堯

發 行 人：洪有義

出 版 者：心理出版社股份有限公司

地 址：新北市新店區光明街 288 號 7 樓

電 話：(02) 29150566

傳 真：(02) 29152928

郵撥帳號：19293172 心理出版社股份有限公司

網 址：http://www.psy.com.tw

電子信箱：psychoco@ms15.hinet.net

駐美代表：Lisa Wu（lisawu99@optonline.net）

印 刷 者：紘基印刷有限公司

初版一刷：2001 年 9 月

初版八刷：2019 年 8 月

I S B N：978-957-702-458-9

定 價：新台幣 220 元